출발부터 귀국까지 9장면 62상황

해외여행
일본어회화

출발부터 귀국까지 9장면 62상황
해외여행 일본어회화

2014년 7월 3일 1판 3쇄 인쇄
2014년 7월 7일 1판 3쇄 발행

지은이 | 편집부
펴낸이 | 김남일
펴낸곳 | TOMATO
등록번호 | 제 6-0622호
주소 | 서울 동대문구 답십리로38길 56 월드시티빌딩 501호
전화 | 0502-600-4925
팩스 | 0502-600-4924

ISBN 978-89-952980-8-4
파본은 교환해 드립니다(정가는 표지에 있습니다).

머리말

일본은 우리나라에서 가까운 곳에 위치하고 있어서 과거와 현재를 통해 꾸준히 교류를 하고 있는 나라이며 수많은 볼거리로 인해 한번쯤 여행을 해보고 싶은 곳으로 꼽히기도 합니다.

특히 일본어는 우리말과 어순이 같기 때문에 단어만 알면 쉽게 의사소통을 할 수 있어서 다른 외국을 여행할 때보다는 불안감도 덜한 편입니다. 이 책은 일본 여행을 떠나는 여행자가 마주치게 되는 여러가지 장면을 순서에 따라 배열하고 그 장면 마다에서 필요로 하는 말을 손쉽게 찾아 일본인과 의사소통을 할 수 있도록 구성한 것입니다.

1 여행의 순서에 따라 장면별로 나누어 수록했습니다.
여행의 순서에 맞춰 일본 여행에서 부딪칠 수 있는 9가지 장면을 예상하고 그 장면에서 마주치게 되는 세부적인 상황을 나누어 각 상황에서 요긴하게 쓸 수 있는 회화 표현을 수록했습니다.

2 쉽게 말할 수 있는 짧은 문장으로 구성했습니다.
긴 문장을 암기해서 활용하는 것은 쉬운 일이 아니므로 가능한한 쉽게 말할 수 있는 간단한 문장을 기본으로 일본여행에서 유용하게 쓸 수 있는 표현을 중심으로 구성했습니다.

3 우리말 발음을 달았습니다.
일본어에 익숙하지 않은 분들을 위해 원어민의 발음을 원칙으로 원어 발음에 가깝게 우리말로 발음을 달아 두었습니다.

4 장면별로 꼭 알아두어야 할 단어를 수록했습니다.
일본어는 우리말과 어순이 같아 단어만 알면 웬만한 의사소통은 가능합니다. 따라서 각 장면 끝에는 알고 있으면 크게 도움이될 여행시에 필요한 단어를 충실히 수록해 두었습니다.

이 책이 독자 여러분들의 일본 여행에 훌륭한 동반자가 되기를 기대합니다.

차례

일본 주요 도시명 / 7
일본여행 준비 / 8
도량형 환산표 / 10

일본어 읽기와 발음

히라가나, 카따까나/ 12	발음과 표기법 / 13

일본여행자를 위한 기본회화

초간단 필수 표현 / 20	방문과 소개 / 28
간단한 한마디 1 / 22	물을 때, 다시 물을 때 / 30
간단한 한마디 2 / 24	감사할 때, 사과할 때 / 32
인사 / 26	

유용하게 쓸 수 있는 단어 / 34... 수 읽는법, 요일. 월과 날짜, 시간, 계절과 색, 가족, 수를 세는 단위

출발 / 도착

초간단 필수표현과 여행정보 / 40	입국심사 / 52
탑승 / 42	수하물 찾기 / 54
이륙 / 44	세관심사 / 56
기내 서비스 / 46	환전 / 58
기내에서 몸이 좋지 않을 때 / 48	공항에서 호텔로 / 60
비행기를 갈아탈 때 / 50	

유용하게 쓸 수 있는 단어 / 62

숙박

초간단 필수표현과 여행정보 / 64	프론트에서 / 72
숙박시설 찾기 / 66	호텔 이용(모닝콜, 룸서비스) / 74
체크인(예약했을 때, 하지 않았을 때) / 68	호텔 이용(편의시설 찾기) / 76
	호텔 이용(세탁서비스) / 78
체크인 할 때의 문제 / 70	호텔에서의 문제 / 80

유용하게 쓸 수 있는 단어 / 82

통신

초간단 필수표현과 여행정보 / 84	부재중, 잘못 걸었을 때 / 92
전화 (일반적인 표현) / 86	우체국(편지 부칠 때) / 94
호텔전화, 공중전화를 이용할 때 / 88	우체국(소포, 책 부칠 때) / 96
국제전화, 장거리전화 / 90	

유용하게 쓸 수 있는 단어 / 98

교통수단

초간단 필수표현과 여행정보 / 100	장거리 대중교통(시각표, 요금을 물을 때) / 110
교통수단을 물을 때 / 102	비행기 / 112
택시 / 104	열차 / 114
시내버스 / 106	렌터카 / 116
지하철 / 108	

유용하게 쓸 수 있는 단어 / 118

식사

초간단 필수표현과 여행정보 / 120	식사중에, 디저트 주문 / 128
레스토랑(예약) / 122	계산 / 130
주문할 때 / 124	패스트푸드점에서 / 132
주문이 잘못 되었을 때 / 126	커피숍, 바에서 / 134

유용하게 쓸 수 있는 단어 / 136

쇼핑

초간단 필수표현과 여행정보 / 142	귀금속, 악세사리점에서 / 150
매장 찾기 / 144	의류점에서 / 152
물건 고르기, 흥정하기 / 146	약국에서 / 154
지불 / 148	교환, 환불 / 156

유용하게 쓸 수 있는 단어 / 158

관광

초간단 필수표현과 여행정보 / 164	사진촬영 / 172
관광안내소에서 / 166	미술관, 박물관 / 174
길을 물을 때 / 168	연극, 영화 / 176
단체관광을 할 때 / 170	스포츠 / 178

유용하게 쓸 수 있는 단어 / 180

긴급상황

초간단 필수표현과 여행정보 / 184	질병, 부상 / 192
길을 잃었을 때 / 186	증상 설명 / 194
분실 / 188	화장실 찾기 / 196
도난 / 190	

유용하게 쓸 수 있는 단어 / 198

귀국

호텔 체크아웃 / 202	면세품 사기, 보안검색 / 206
호텔에서 공항으로, 비행기 체크인 / 204	

귀국 절차 / 208

일본 주요 도시명

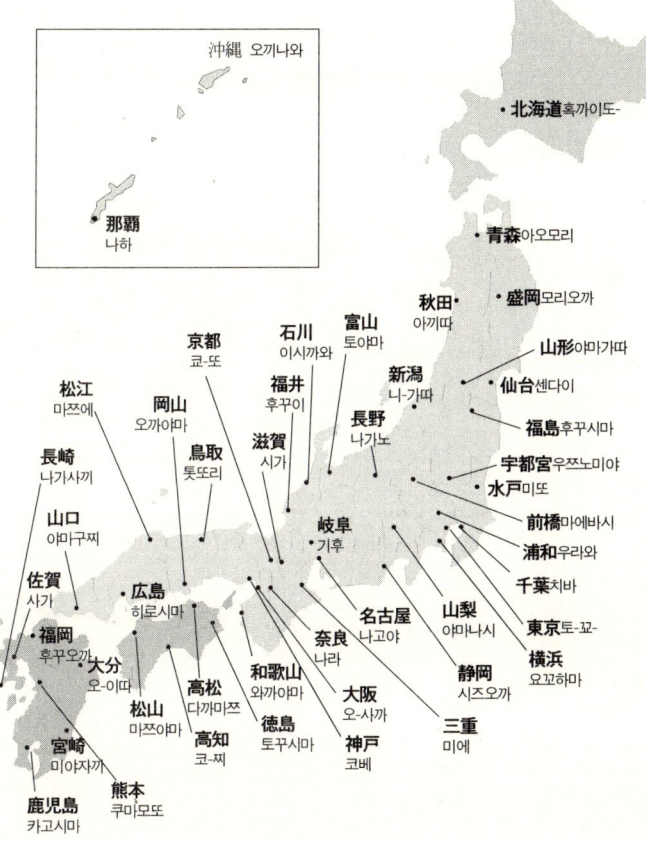

일본여행 준비

여행가방 꾸리기

기본적으로 여행지에서 사용할 큰 가방, 작은 가방, 벨트색 등 3종류의 가방을 중심으로 챙기는 것이 좋습니다. 큰가방(배낭여행자에게는 큰 배낭)은 일반 여행자들에게는 하드케이스의 가방으로 이 가방에는 부피가 큰 옷, 속옷, 세면도구 등 호텔 등의 숙소에 두고 맡기고 다닐 짐을 넣습니다.

여행 준비물

중요한 것	여권, 항공권, 여행자 보험증, 여행자 수표 및 현금, 각종 증명서(유스호스텔증, 국제운전면허증, 국제 학생증), 신용카드, 한국돈(출입국시 공항이용권 구입비및 차비), 복사본(여권, 항공권, 보험증), 예비용 사진(5~6매정도)
생활용품 및 의류	속옷과 양말, 바지와 반바지(기후에 맞게), 스웨터와 점퍼, 일반 셔츠, 운동화, 구두, 샌들, 우산, 선글라스, 모자, 수영복, 수건, 세면도구, 비상약, 필름, 카메라, 미니카세트, 건전지, 랜턴, 계산기(물가, 환율 계산), 면도기

세부적으로 점검해 볼 것들

☐ 옷	평소 입던 편한 옷을 위주로 준비하고 출장일 경우는 정장도 필요합니다. 출장이 아니라도 정장 요구 식당 등의 출입을 위해 정장을 한 벌 정도 준비하는 것도 좋습니다.
☐ 세면도구	싼 호텔, 료칸, 민슈쿠나 유스호스텔에는 설비가 잘 돼 있지 않은 곳이 많으므로 여행용 세면 도구와 수건을 준비합니다. 필요하다면 드라이어, 화장품, 손톱깎기를 챙기는 것도 좋습니다.
☐ 신발	걷기에 편한 것으로. 여름에는 샌들도 아주 편하지만 배낭여행의 경우는 운동화를 신는 것이 좋겠지요.
☐ 우산	휴대가 간편한 것으로 준비.
☐ 작은 가방	항공기 내에 들고 탈 가방, 현지에서 여행 중에 들고 다닐 가방으로 필수적인 것들만 모아서 이용할 수 있도록 합니다.
☐ 여행수첩	일정표와 환율표를 준비해 두고 여권번호, 비자번호, 발행일, 발행지, 여행자 수표 번호, 대사관 전화번호 등 긴급 연락처 등을 적어둡니다.

☐ 신분증	신분증, 신분증 사본(사진도 같이 준비)
☐ 구급약	일본에서도 우리 나라처럼 의사 처방전 없이 약을 살 수 없으므로 미리 소화제, 설사제, 항생연고, 감기약 등은 준비해 가는 것이 좋습니다.
☐ 여행정보 및 안내서	떠나기 전에 충분히 검토하고 필요한 것만 챙깁니다.
☐ 벨트색	영수증이나 간단한 지도 등을 넣어두는 곳으로 활용.
☐ 목걸이 지갑	만일의 사태를 대비해서 목걸이 지갑이나 복대를 준비하여 잃어버리면 여행을 망치게 되는 여권이나 항공권, 현금 등 중요한 물건을 보관하는 것도 짐을 챙기는 요령입니다.

여행자보험

여행시에 불의의 사고를 당했을 때를 대비하여 여행자 보험이 필요합니다. 특히 배낭여행자인 경우 입원 등으로 많은 돈을 지출해야 할 경우 크게 도움이 됩니다. 따라서 여행기간 동안에는 보험에 들어 두는게 좋습니다.

현재 국내의 여행자 보험의 종류와 보상 내용은 대개 비슷합니다. 여행사에서 싼 가격의 보험들을 취급하고 있으므로 이를 이용하도록 하고 가입 전에 반드시 계약 내용을 확인해 둡니다. 특히 계약기간과 보상 내용 그리고 현지 보상 여부를 확인해 두어야 하며 여행자 보험 증명서는 여행시에 가지고 다니는 것이 좋습니다.

도량형 환산표

길이

미터법		야드·파운드법			
미터(m)	킬로미터(km)	인치(in)	피트(ft)	야드(yd)	마일(mil)
1	0.001	39.3701	3.280	1.0936	0.00062
1000	1	39370.1	3280	1093.61	0.6213
0.0254	0.00003	1	0.083	0.0277	0.00001
0.3048	0.00030	12.00	1	0.3333	0.00019
0.9144	0.00091	36.00	3.00	1	0.00057
1609.31	1.60934	63360	5280	1760	1

무게

미터법		야드·파운드법		
그램(g)	킬로그램(kg)	톤(t)	온스(oz)	파운드(lb)
1	0.001	–	0.03527	0.0022
1000	1	0.001	35.273	2.204
–	1000	1	35273	2204.6
28.349	0.028	0.00002	1	0.0625
453.59	0.453	0.0004	16.00	1

넓이

미터법		야드·파운드법	
아르(g)	평방미터(m^2)	에이커(acre)	평방마일(mi^2)
1	0.0001	0.025	0.00004
1000	1	247.11	0.386
40.468	0.004	1	0.002
25898.9	2.58989	640.0	1

용량

미터법		야드·파운드법				
리터(l)	입방미터(m^3)	입방인치(in^3)	입방피트(ft^3)	쿼트(quart)	미갤론(U.S.gal)	영갤론(U.K.gal)
1	0.001	61.0271	0.03531	1.05672	0.26418	0.21998
1000	1	61027.1	35.3165	1056.72	264.186	220.216
0.01638	–	1	0.00057	0.01728	0.0042	0.0036
28.3168	0.02831	1728	1	29.92	7.48051	6.22
0.94635	0.00094	57.75	0.03342	1	0.25	0.208
3.78543	0.00378	231	0.13368	4.00	1	0.833
4.546	0.0045	277.26	0.1608	4.80	1.200	1

일본어
읽기와 발음

히라가나 / 카따까나

왼쪽이 히라가나, 오른쪽이 카따까나

히라가나(ひらがな) 한자의 초서체에서 따온 것으로 인쇄체와 필기체에 쓰입니다.

카따까나(カタカナ) 한자의 편이나 방에서 따온 것으로 외래어(인명·지명)나 의성어, 의태어, 동식물의 이름, 전문문 등에 쓰입니다.

아 あ ア	이 い イ	우 う ウ	에 え エ	오 お オ
카 か カ	키 き キ	쿠 く ク	케 け ケ	코 こ コ
사 さ サ	시 し シ	스 す ス	세 せ セ	소 そ ソ
타 た タ	치 ち チ	쯔 つ ツ	테 て テ	토 と ト
나 な ナ	니 に ニ	누 ぬ ヌ	네 ね ネ	노 の ノ
하 は ハ	히 ひ ヒ	후 ふ フ	헤 へ ヘ	호 ほ ホ
마 ま マ	미 み ミ	무 む ム	메 め メ	모 も モ
야 や ヤ		유 ゆ ユ		요 よ ヨ
라 ら ラ	리 り リ	루 る ル	레 れ レ	로 ろ ロ
와 わ ワ				오 を ヲ
응 ん ン				

발음과 표기법

청음(清音 せいおん)

모음(母音 ぼいん)

'あ, い, う, え, お'의 다섯 글자로 발음은 우리말의 '아, 이, 우, 에, 오'와 같습니다.

あき 아끼　　가을　　　　　　**いえ** 이에　　집
えき 에끼　　역

반모음(半母音 はんぼいん)

'や, ゆ, よ'는 우리말의 '야, 유, 요'와 발음이 같습니다.

やま 야마　　산　　　　　　　**ゆび** 유비　　손가락
よこ 요꼬　　가로

'わ'는 우리말의 '와'와 발음이 같습니다.

わかい 와까이　젊은　　　　　**わるい** 와루이　나쁜

자음(子音 しいん)

'か, き, く, け, こ' – 우리말의 'ㅋ'에 가까운 소리로 대개 단어의 처음에 올 경우에는 'ㅋ'에 가까운 소리가 나고 끝에 올 때는 'ㄲ'에 가깝게 발음됩니다.

かさ 카사　　우산　　　　　　**きく** 키꾸　　국화
くさ 쿠사　　풀

'さ, し, す, せ, そ' – 우리말의 'ㅅ'과 같은 소리이지만 'す'는 스에 가깝게 발음이 됩니다.

さくら 사꾸라　벚꽃　　　　　**いす** 이스　　의자
しま 시마　　섬

'た, ち, つ, て, と' – 'た, て, と'는 단어의 첫소리로 올 때에는 'ㅌ'에 가깝게 발음에 되고 끝에 올 때는 'ㄸ'에 가깝게 발음됩니다.

たばこ 타바꼬 담배   **とし** 토시 도시
くち 쿠찌 입

'な, に, ぬ, ね, の' – 우리말의 '나, 니, 누, 네, 노'와 발음이 같습니다.

はな 하나 꽃, 코   **にもつ** 니모쯔 짐
いぬ 이누 개

'は, ひ, ふ, へ, ほ' – 우리말의 '하, 히, 후, 헤, 호'와 발음이 같습니다.

はたけ 하따께 밭   **ひも** 히모 끈
ふうけい 후-께- 풍경

'ま, み, む, め, も' – 우리말의 '마, 미, 무, 메, 모'와 발음이 같습니다.

まつ 마쯔 소나무   **みなみ** 미나미 남
むね 무네 동네

'ら, り, る, れ, ろ' – '우리말의 '라, 리, 루, 레, 로'와 발음이 같습니다.

そら 소라 하늘   **さる** 사루 원숭이
りえき 리에끼 이익

탁음(濁音 だくおん)

'が, ぎ, ぐ, げ, ご' – 'ㄱ'에 가까운 소리로 이지만 'ㅇ'소리로 발음되기도 합니다.

かぎ 카기 열쇠   **げきじょう** 게끼죠- 극장
かがみ 카가미 거울

'ざ, じ, ず, ぜ, ぞ' – 우리말의 'ㅈ'과 비슷하지만 같은 것은 아닙니다.

ざっし 잣시 잡지   **にじ** 니지 무지개
ぞう 조- 코끼리

'**だ, ぢ, づ, で, ど**' – 우리말의 'ㄷ'에 해당한다고 할 수 있고 'ぢ'와 'づ'는 'じ'와 'ず'와 발음이 같습니다.

だいじ 다이지 　중요　　　　　　**でんし** 덴시　　전자
まど 마도　　창문

'**ば, び, ぶ, べ, ぼ**' – 우리말의 'ㅂ'에 가깝게 발음됩니다.

ばしょ 바쇼　　장소　　　　　　**かびん** 카빙　　꽃병
ぼうし 보-시　　모자

반탁음(半濁音 はんだくおん)

'**ぱ, ぴ, ぷ, ぺ, ぽ**' – 외래어 표기에 흔히 쓰이며 우리말의 약한 'ㅃ'에 가깝게 발음됩니다.

パン 빵　　빵　　　　　　**ピアノ** 삐아노　　피아노
プロペラ 뿌로뻬라 프로펠러

요음(拗音 ようおん)

'い단'의 자음에 'や, ゆ, よ'를 작게 붙여 나타냅니다.

きゃく 캬꾸	손님	**きゅうじ** 큐-지	9시
きょり 쿄리	거리	**じゃま** 쟈마	방해
りょこう 료꼬-	여행	**しょさい** 쇼사이	서재
ばしょ 바쇼	장소	**おちゃ** 오쨔	차
しゃいん 샤잉	사원	**びょういん** 뵤-잉	병원
ちょきん 쵸낑	저금	**ぎゅうにゅう** 규-뉴	우유
れんしゅう 렌슈-	연습		

발음(撥音 はねるおん)

'ん'을 다른 글자 밑에 붙여 받침으로 사용합니다. 뒤에 오는 글자에 따라 'ㅁ, ㄴ, ㅇ'으로 발음됩니다. 'ま, ぱ, ば' 행 앞에 올 때 'ㅁ' 소리가 납니다. 'さ, ざ, た,

だ, な, ら행' 앞에 올 때는 'ㄴ' 소리가 납니다. 'あ, か, が, は, や, わ행' 앞에 올 때에는 'ㅇ' 소리가 납니다.

- 'ㅁ'

とんび 톰비   소리개   **さんまい** 삼마이   3장
せんむ 셈무   전무   **でんぽう** 뎀뽀-   전보
しんぶん 심붕   신문

- 'ㄴ'

こんな 콘나   이러한   **ほんだな** 혼다나   서가
かんたん 칸딴   간편함   **あんぜん** 안젠   안전
げんり 겐리   원리   **うんどう** 운도-   운동

- 'ㅇ'

はつおん 하쯔옹   발음   **でんわ** 뎅와   전화
ほんや 홍야   책방   **よんひゃく** 용햐꾸   4백
さんがつ 상가쯔   3월   **ぎんこう** 깅꼬-   은행
まんいん 망잉   만원

촉음(促音 そくおん)

'か행, さ행, た행, ぱ행' 앞에 'つ'를 작게 붙여 받침으로 사용합니다. 촉음은 뒤에 오는 자음과 같은 발음이 납니다.

ざっし 잣시   잡지   **きって** 킷떼   우표
がっこう 각꼬-   학교

장음(長音 ちょうおん)

소리를 길게 낼 때에는 あ단 글자 뒤에는 あ를, い단 글자 뒤에는 い를, う단 글자 뒤에는 う를, お단 글자 뒤에는 お가 아닌 う를 붙여 길게 발음합니다.
カタカナ의 장음은 -로 표기합니다.

おかあさん 오까-상   어머니   **おにいさん** 오니-상   형님
ふうとう 후-또-   봉투   **おねえさん** 오네-상   누님
おとうと 오또-또   남동생   **いもうと** 이모-또   여동생

외래어

한자어는 거의 일본어로 동화되었으므로 ひらがな로 쓰고, 외래어는 カタカナ로 표기합니다. 외래어 중에서도 자주 쓰이는 것은 ひらがな로 쓰는 것이 있는데 たばこ(타바꼬 담배)가 그 예입니다.

'f음'은 'ファ, フィ, フ, フェ, フォ'로 나타냅니다.

フランス 후란스　　프랑스　　　　**フィールド** 휘-루도 필드
フォーム 휘-무　　폼

'v음'은 'バ, ビ, ブ, ベ, ボ'로 나타내지만 'ヴァ, ヴィ, ヴ, ヴェ, ヴォ'를 쓰기도 합니다.

バス 바스　　　　버스　　　　　　**ブランデー** 부란데- 브랜디
ボール 보-루　　볼

'ti, di'는 'ティ, ディ'를 쓰기도 하는데 가능하면 'チ, ジ'를 쓰고 't'는 'ツ' 또는 'ト'로 씁니다.

ティーシャツ 티-샤쯔　　티셔츠　　**ツー** 쯔-　　2(two)
チーム 치-무　　팀

한자어

일본어에서는 한자를 음독과 훈독 2가지 방법으로 읽습니다.

▶ 한자를 음에 따라 읽는 방법

　牛乳(ぎゅうにゅう) 규-뉴-　　우유　　種類(しゅるい) 슈루이　　　　종류
　表現(ひょうげん) 효-겡　　　표현　　春夏秋冬(しゅんかしゅうとう) 슝까슈-또-　춘하추동

▶ 한자를 뜻으로 읽는 방법

　牛(うし) 우시　　　　　　　소　　　種(たね) 타네　　　　　　　종자
　表(おもて) 오모떼　　　　　표면　　春(はる) 하루　　　　　　　봄

17

한자가 둘 이상 모여서 이루어진 말은 원칙적으로 네 가지로 읽힐 가능성이 있습니다.

1 모두 음독하는 경우. 이 경우가 대부분입니다.

基本(きほん) 키홍　기본　　　　国家(こっか) 콕까　　　국가
民族(みんぞく) 민조꾸 민족　　　経済(けいざい) 케-자이　경제

2 모두 훈독하는 경우

建物(たてもの) 타떼모노 건물　　打消(うちけし) 우찌께시　지우개

3 앞 글자는 음으로 뒤 글자는 뜻으로 읽는 경우. 드문 편입니다.

重箱(じゅうばこ) 쥬바꼬 찬합　　団子(だんご) 당고　　　경단

4 앞 글자는 뜻으로 뒤에 글자는 음으로 읽는 경우. 드문 편입니다.

湯桶(ゆとう)　　　유또-　　더운 물을 담는 칠기
手本(てほん)　　　테홍　　　글씨 본

철자법

は: 조사로 쓰일 때는 わ로 읽습니다.
　　これは 本だ。(코레와 혼다) 이것은 책이다.

へ: 조사로 쓰일 때는 え로 읽습니다.
　　銀行へ 行く。(깅꼬에 이꾸) 은행에 간다.

を: 조사로만 쓰이고 お로 읽습니다.
　　きみを 愛する。(키미오 아이스루) 당신을 사랑한다.

일본여행자를 위한
기본회화

Contents

초간단 필수 표현
1. 간단한 한마디 1
2. 간단한 한 마디 2
3. 인사
4. 방문과 소개
5. 물을 때, 다시 물을 때
6. 감사할 때, 사과할 때

유용하게 쓸 수 있는 단어
    수 읽는 법 / 요일 / 월과 날짜
    시간 / 계절과 색 / 가족
    수를 세는 단위

초간단 필수 표현

● ~에서 왔습니다.

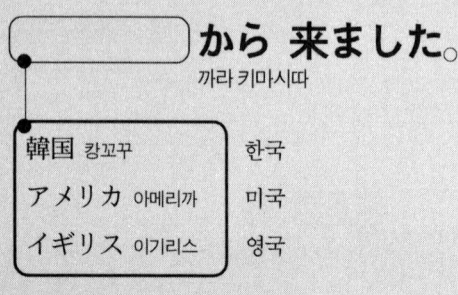

から 来ました。
까라 키마시따

韓国 캉꼬꾸	한국
アメリカ 아메리까	미국
イギリス 이기리스	영국

관련표현 ● 어디서 오셨습니까?

どちらから 来ましたか。
도찌라까라 키마시타까

● 저는 ~입니다.

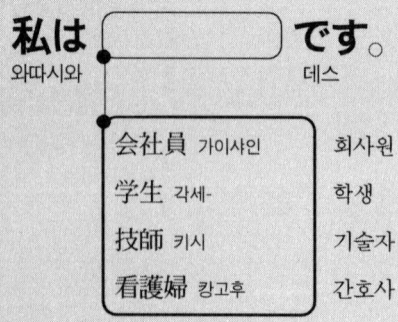

私は 　　　　　 **です。**
와따시와　　　　　　　데스

会社員 가이샤인	회사원
学生 각세-	학생
技師 키시	기술자
看護婦 캉고후	간호사

관련표현 ● 직업은 무엇입니까?

お仕事は 何ですか。
오시고또와 난데스까

- ~로 여기 왔습니다.

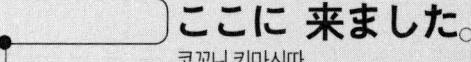
ここに 来ました。
코꼬니 키마시따

休暇で 큐-까데	휴가차
仕事で 시고또데	업무차
勉強に 벵꾜-니	공부하러

관련표현 ● 휴가차 왔습니까?

休暇で ここに 来ましたか。
큐-까데 코꼬니 키마시타까

- ~동안 여기 있을 겁니다.

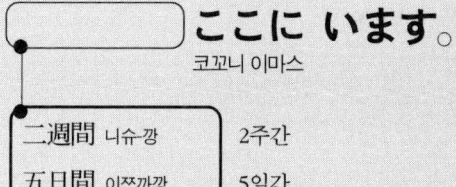
ここに います。
코꼬니 이마스

| 二週間 니슈-깡 | 2주간 |
| 五日間 이쯔까깡 | 5일간 |

관련표현 ● 언제까지 여기 있을 겁니까?

いつまで ここに いますか。
이쯔마데 코꼬니 이마스까

기본회화

01 간단한 한 마디 1

■ Point 1 맞춤 표현

▼ 네.
はい。
하이

▼ 아뇨.
いいえ。
이-에

▼ 네, 알겠습니다.
ええ、わかります。
에- 와까리마스

Point 2 융용하게 쓸 수 있는 표현

☐ 이것은 무엇입니까?
これは 何ですか。
코레와 난데스까

☐ 지금 몇 시입니까?
いま、何時ですか。
이마 난지데스까

☐ 모르겠습니다.
わかりません。
와까리마셍

☐ 이 책은 얼마입니까?
この 本は いくらですか。
코노 홍와 이꾸라데스까

☐ 화장실은 어디입니까?
トイレは どこですか。
토이레와 도꼬데스까

누구십니까?	だれですか。 다레데스까
당신 성함은 어떻게 됩니까?	あなたの お名前は 何ですか。 아나따노 오나마에와 난데스까
저 분은 누구십니까?	あの 方は どなたさまですか。 아노 카따와 도나따사마데스까
입구는 어디입니까?	入口は どこですか。 이리구찌와 도꼬데스까
아시겠습니까?	わかりますか。 와까리마스까
다시 한번 말씀해 주세요.	もう 一度 お願いします。 모- 이찌도 오네가이시마스
더 천천히 부탁 드리겠습니다.	もっと ゆっくり お願いします。 못또 육꾸리 오네가이시마스
일본어로 써 주십시오.	日本語で 書いて ください。 니홍고데 카이떼 쿠다사이
이것은 무슨 뜻입니까?	これは どう いう 意味ですか。 코레와 도-유 이미데스까
손가락으로 가리켜 주세요.	指で さして ください。 유비데 사시떼 쿠다사이
잠깐만 기다려 주십시오.	ちょっと 待って ください。 촛또 맛떼 쿠다사이
기다리게 해서 죄송합니다.	お待ちどおさま。 오마찌도-사마

기본회화
간단한 한 마디 2

■ Point 1   맞춤 표현

▼ 실례지만...
すみませんが....。
스미마셍가

▼ 이것은 얼마입니까?
これは いくらですか。
코레와 이꾸라데스까

▼ 부탁드립니다.
お願いします。
오네가이시마스

Point 2   유용하게 쓸 수 있는 표현

□ 한국어를 할 수 있습니까?   **韓国語が 話せますか。**
캉꼬꾸고가 하나세마스까

□ 언제 시작됩니까?   **いつ 始まるのですか。**
이쯔 하지마루노데스까

□ 병원은 어느 쪽입니까?   **どっちが 病院ですか。**
돗찌가 뵤-잉데스까

□ 실례합니다. 화장실은 어디입니까?   **すみません。お手洗いは どこでしょうか。**
스미마셍, 오떼아라이와 도꼬데쇼-까

□ 어서 먼저 하세요.   **どうぞ、お先に。**
도-조 오사끼니

☐	그것을 보여 주십시오.	それを 見せて ください。 소레오 미세떼 쿠다사이
☐	뭘 좀 먹고 싶습니다.	何か 食べたいです。 나니까 타베따이데스
☐	정말입니까?	本当ですか。 혼또-데스까
☐	그렇습니까?	そうですか。 소-데스까
☐	네, 그렇습니다.	はい、そうです。 하이 소-데스
☐	아뇨, 아닙니다.	いいえ、ちがいます。 이-에 찌가이마스
☐	물론입니다.	もちろん。 모찌롱
☐	그저 그렇습니다.	まずまずです。 마즈마즈데스
☐	아뇨, 됐습니다.	いいえ、けっこうです。 이-에 켁꼬-데스
☐	그건 필요 없어요.	それは 要りません。 소레와 이리마셍
☐	잘 먹겠습니다.	いただきます。 이따다끼마스
☐	잘 먹었습니다.	ごちそうさま。 고찌소-사마

기본회화

03 인사

■ Point 1   맞춤 표현

↗ 안녕하세요.
やあ(こんにちは)。
야-(콘니찌와)

↗ 어떻게 지내세요?
ごきげん いかがですか。
고키겡 이까가데스까

↗ 안녕히 계세요(가세요).
さようなら。
사요-나라

Point 2   응용하게 쓸 수 있는 표현

안녕하십니까?(오전 인사)	おはようございます。 오하요- 고자이마스
안녕하십니까?(낮 인사)	こんにちは。 콘니찌와
안녕하십니까?(오후 인사)	こんばんは。 콤방와
건강하십니까?	お元気ですか。 오겡끼데스까
네, 덕분에요. 당신은요?	ええ、おかげさまで。あなたは。 에- 오카게사마데. 아나따와

☐	처음 뵙겠습니다.	初めまして。 하지메마시떼
☐	뵙게 되어 기쁩니다.	お会いできて うれしいです。 오아이데끼떼 우레시-데스
☐	잘 부탁합니다.	どうぞ よろしく。 도-조 요로시꾸
☐	저야말로 반갑습니다.	こちらこそ。 코찌라꼬소
☐	오래간만이네요.	おひさしぶりですね。 오히사시부리데스네
☐	다시 뵙게 되서 기쁩니다.	また お会いできて うれしいです。 마따 오아이데끼떼 우레시-데스
☐	자, 이제 가봐야 되겠어요.	ええ、もう 行かなければ なりません。 에- 모- 이까나께레바 나리마셍
☐	뵙게 되어 반가웠습니다.	お会いできて よかったです。 오아이데끼떼 요깟따데스
☐	또 만나요.	また、会いましょう。 마따 아이마쇼-
☐	몸 조심하세요.	気を つけて。 키오 쯔께떼
☐	가족분들에게 안부 전해 주세요.	ご家族の 方に よろしく。 고카조꾸노 카따니 요로시꾸
☐	안녕히 주무세요.	おやすみなさい。 오야스미나사이

기본회화

04 방문과 소개

Point 1 맞춤 표현

↗ 야마다 씨, 이쪽은 김 선생님이예요.
山田さん、こちらは 金さんです。
야마타상 코찌라와 키무상데스

↗ 당신에 대해서는 말씀 많이 들었습니다.
あなたのことは いろいろ うかがって おります。
아나따노 코또와 이로이로 우까갓떼 오리마스

↗ 제 이름은 ~입니다.
私の 名前は ~です。
와따시노 나마에와 ~데스

Point 2 유용하게 쓸 수 있는 표현

| 타나카씨 계세요? | 田中さんは いらっしゃいますか。
타나까상와 이랏샤이마스까 |

| 다나카씨를 뵙고 싶은데요. | 田中さんに お目に かかりたいのですが。
타나까상니 오메니 카까리따이노데스가 |

| 어서 들어오세요. | どうぞ、お入り ください。
도-조 오하이리 쿠다사이 |

| 실례하겠습니다. | お邪魔します。
오쟈마시마스 |

| 잘 오셨습니다. | よく いらっしゃいました。
요꾸 이랏샤이마시따 |

서울에서 온 ~입니다.	ソウルから 来た ~です。
	소-루까라 키따 ~데스

1시에 다나카씨와 약속이 되어 있는데요.	一時に 田中さんと 約束して いる はずなのですが。
	이찌지니 타나까상또 약소꾸시떼 이루 하즈나노데스가

음료 좀 드시겠습니까?	何か 飲み物は いかがですか。
	나니까 노미모노와 이까가데스까

네, 먹겠습니다.	ええ、いただきます。
	에- 이따다끼마스

오가와씨, 이선생님을 만난 적 있어요?	小川さん、李さんに 会った ことが ありますか。
	오가와상 이상니 앗따 코또가 아리마스까

기무라 씨, 제 친구인 박 선생님을 소개하겠습니다.	木村さん、友人の朴さんを 紹介します。
	키무라상 유-진노 박상오 쇼까이시마스

제 명함입니다.	これが 私の 名刺です。
	코레가 와따시노 메-시데스

명함을 드리겠습니다.	名刺を どうぞ。
	메-시오 도-조

이제 그만 실례하겠습니다.	そろそろ 失礼します。
	소로소로 시쯔레-시마스

정말 즐거웠습니다.	とても 楽しかったです。
	토떼모 타노시깟따데스

기본회화

05 물을 때, 다시 물을 때

Point 1   맞춤 표현

▲ 실례하겠습니다.
すみません。
스미마셍

▲ 시내로 가는 가장 좋은 방법은 무엇입니까?
市内に 行く 一番 よい 方法は 何ですか。
시나이니 이꾸 이찌방 요이 호-호-와 난데스까

▲ 切手란 무슨 뜻입니까?
切手とは どういう 意味ですか。
切手또와 도-이우 이미데스까

Point 2   유용하게 쓸 수 있는 표현

☐ ~로 가는 길을 가르쳐 주세요.	**~へ 行く 道を 教えて ください。** ~에 이꾸 미찌오 오시에떼 쿠다사이
☐ ~로 가는 길을 가르쳐 주시겠어요?	**~へ 行く 道を 教えて いただけますか。** ~에 이꾸 미찌오 오시에떼 이따다께마스까
☐ 댁에는 어떻게 가면 좋습니까?	**お宅へは どう いったら よろしいですか。** 오따꾸에와 도- 잇따라 요로시-데스까
☐ 부탁을 해도 되겠습니까?	**おねがいしても かまいませんか。** 오네가이시떼모 카마이마셍까
☐ 수영장은 몇 시에 엽니까?	**プールは 何時に オープンしますか。** 뿌-루와 난지니 오-뿐시마스까

☐	사진을 찍어 주시겠습니까?	写真を 撮って いただけませんか。 샤싱오 톳떼 이따다께마셍까
☐	신문은 어디서 살 수 있습니까?	新聞は どこで 買えますか。 심붕와 도꼬데 카에마스까
☐	다음 공항버스는 언제 출발합니까?	次の 空港バスは いつ 出発しますか。 쯔기노 쿠-꼬-바스와 이쯔 슙빠쯔시마스까
☐	이 추가요금은 무엇입니까?	この 追加料金は 何ですか。 코노 쯔이까료-낑와 난데스까
☐	도중에 내려도 됩니까?	途中で 降ろして もらえますか。 토쮸-데 오로시떼 모라에마스까
☐	뭐라고 했습니까?	ええ？ / すみません。 에- / 스미마셍
☐	다시 한 번 말해 주세요.	もう 一度 いって ください。 모- 이찌도 잇떼 쿠다사이
☐	여기의 단추 말입니까?	ここの ボタンの ことですか。 코꼬노 보딴노 코또데스까
☐	이 거리입니까, 다음 거리입니까?	ここの 通りの ことですか、次の 通りですか。 코꼬노 도-리노 코또데스까 쯔기노 도-리데스까
☐	좀 천천히 말해 주세요.	もっと ゆっくり 話して ください。 못또 육꾸리 하나시떼 쿠다사이
☐	여기 써 주시겠어요?	ここに 書いて いただけませんか。 코꼬니 카이떼 이따다께마셍까

기본회화

06 감사할 때, 사과할 때

■ Point 1 　맞춤 표현

▼ 감사합니다.
ありがとう ございます。
아리가또- 고자이마스

▼ 대단히 죄송합니다.
どうも すみません。
도-모 스미마셍

▼ 괜찮아요.
いいですよ。
이-데스요

Point 2 　요용하게 쏠 수 있는 표현

☐ 고마워요.
ありがとう。
아리가또-

☐ 정말 고맙습니다.
どうも ありがとう ございます。
도-모 아리가또- 고자이마스

☐ 친절에 감사합니다.
ご親切に ありがとう ございます。
고신세쯔니 아리가또- 고자이마스

☐ 마중 나와주어 고마웠어요.
出迎え ありがとう ございました。
데무까에 아리가또- 고자이마시따

☐ 감사합니다.
感謝します。
칸샤시마스

☐	도움이 되어 기쁩니다.	お役に 立てて うれしいです。 오야꾸니 타떼떼 우레시-데스
☐	신세 많았습니다.	お世話に なりました。 오세와니 나리마시따
☐	천만에요.	どういたしまして。 도-이따시마시떼
☐	그렇게 해 드릴 수 있어서 기뻤어요.	そうして あげられて よかったです。 소-시떼 아게라레떼 요깟따데스
☐	죄송합니다.	すみません。 스미마셍
☐	늦어서 미안합니다.	遅れて すみません。 오꾸레떼 스미마셍
☐	기다리시게 해서 죄송합니다.	お待たせて ごめんください。 오마따세떼 고멩 쿠다사이
☐	용서해 주세요.	ごめんください。 고멩 쿠다사이
☐	드릴 말씀이 없습니다.	申しわけ ありません。 모-시와께 아리마셍
☐	잠깐 실례하겠습니다.	ちょっと 失礼します。 촛또 시쯔레-시마스
☐	괜찮습니다.	だいじょうぶです。 다이죠-부데스
☐	유감이군요.	残念ですね。 잔넨데스네

유용하게 쓸 수 있는 단어

수 읽는법

- [ ] 0 ゼロ 제로/레이
- [ ] 1 いち 이찌
- [ ] 하나 一つ 히또쯔
- [ ] 2 に 니
- [ ] 둘 二つ 후따쯔
- [ ] 3 さん 상
- [ ] 셋 三つ 밋쯔
- [ ] 4 し 시/よん 용
- [ ] 넷 四つ 욧쯔
- [ ] 5 ご 고
- [ ] 다섯 五つ 이쯔쯔
- [ ] 6 ろく 로꾸
- [ ] 여섯 六つ 뭇쯔
- [ ] 7 しち 시찌/なな 나나
- [ ] 일곱 七つ 나나쯔
- [ ] 8 はち 하찌
- [ ] 여덟 八つ 얏쯔
- [ ] 9 く 쿠/きゅう 큐-
- [ ] 아홉 九つ 코꼬노쯔
- [ ] 10 じゅう 쥬-
- [ ] 열 十 도-
- [ ] 20 にじゅう 니쥬-
- [ ] 30 さんじゅう 산쥬-
- [ ] 40 よんじゅう 욘쥬-
- [ ] 50 ごじゅう 고쥬-
- [ ] 60 ろくじゅう 로꾸쥬-
- [ ] 70 ななじゅう 나나쥬-/しちじゅう 시찌쥬-
- [ ] 80 はちじゅう 하찌쥬-
- [ ] 90 きゅうじゅう 큐-쥬-
- [ ] 백 ひゃく 하꾸
- [ ] 천 せん 셍
- [ ] 만 いちまん 이찌망
- [ ] 백만 ひゃくまん 하꾸망

유용하게 쓸 수 있는 단어

요일

☐ 월요일	月曜日 게쯔요-비	☐ 화요일	火曜日 카요-비
☐ 수요일	水曜日 스이요-비	☐ 목요일	木曜日 모꾸요-비
☐ 금요일	金曜日 킹요-비	☐ 토요일	土曜日 도요-비
☐ 일요일	日曜日 니찌요-비		
☐ 주말	週末 슈-마쯔	☐ 평일	ウイークデー 위-꾸데-
☐ 경축일	祝日 슈꾸지쯔		
☐ 그제	おととい 오또또이	☐ 어제	昨日 키노-
☐ 오늘	今日 쿄-	☐ 내일	明日 아시따
☐ 모레	あさって 아삿떼		
☐ 오늘 아침	今朝 케사	☐ 오늘 오후	今日の午後 쿄-노 고고
☐ 오늘 저녁	今日の夕方 쿄-노 유-가따	☐ 오늘밤	今晩 콤방
☐ 다음 주	来週 라이슈-	☐ 지난 주	先週 센슈-
☐ 이번 주	今週 콘슈-	☐ 3주 전	三週間前 산슈-깐마에

월과 날짜

☐ 1월	一月 이찌가쯔	☐ 2월	二月 니가쯔
☐ 3월	三月 상가쯔	☐ 4월	四月 시가쯔
☐ 5월	五月 고가쯔	☐ 6월	六月 로꾸가쯔
☐ 7월	七月 시찌가쯔	☐ 8월	八月 하찌가쯔
☐ 9월	九月 쿠가쯔	☐ 10월	十月 쥬-가쯔
☐ 11월	十一月 쥬-이찌가쯔	☐ 12월	十二月 쥬-니가쯔
☐ 올해	今年 코또시	☐ 내년	来年 라이넹
☐ 작년	去年 쿄넹		
☐ 이번 달	今月 콩게쯔	☐ 다음 달	来月 라이게쯔
☐ 지난 달	先月 셍게쯔		

유용하게 쓸 수 있는 단어

- [ ] 1일　一日 쯔이따찌
- [ ] 2일　二日 후쯔까
- [ ] 3일　三日 믹까
- [ ] 4일　四日 욕까
- [ ] 5일　五日 이쯔까
- [ ] 6일　六日 무이까
- [ ] 7일　七日 나노까
- [ ] 8일　八日 요-까
- [ ] 9일　九日 코꼬노까
- [ ] 10일　十日 토-까
- [ ] 11일　十一日 쥬-이찌니찌
- [ ] 12일　十二日 쥬-니니찌
- [ ] 13일　十三日 쥬-산니찌
- [ ] 14일　十四日 쥬-욕까
- [ ] 15일　十五日 쥬-고니찌
- [ ] 16일　十六日 쥬-로꾸니찌
- [ ] 17일　十七日 쥬-시찌니찌
- [ ] 18일　十八日 쥬-하찌니찌
- [ ] 19일　十九日 쥬-쿠니찌
- [ ] 20일　二十日 하쯔까
- [ ] 21일　二十一日 니쥬-이찌니찌
- [ ] 22일　二十二日 니쥬-니니찌
- [ ] 23일　二十三日 니쥬-산니찌
- [ ] 24일　二十四日 니쥬-욕까
- [ ] 25일　二十五日 니쥬-고니찌
- [ ] 26일　二十六日 니쥬-로꾸니찌
- [ ] 27일　二十七日 니쥬-시찌니찌
- [ ] 28일　二十八日 니쥬-하찌니찌
- [ ] 29일　二十九日 니쥬-쿠니찌
- [ ] 30일　三十日 산쥬-니찌
- [ ] 31일　三十一日 산쥬-이찌니찌

시간

- [ ] 1시　一時 이찌지
- [ ] 2시　二時 니지
- [ ] 3시　三時 산지
- [ ] 4시　四時 요지
- [ ] 5시　五時 고지
- [ ] 6시　六時 로꾸지
- [ ] 7시　七時 시찌지
- [ ] 8시　八時 하찌지
- [ ] 9시　九時 쿠지
- [ ] 10시　十時 쥬-지
- [ ] 11시　十一時 쥬-이찌지
- [ ] 12시　十二時 쥬-니지
- [ ] 3시 반　三時半 산지항
- [ ] 10시 5분　十時五分 쥬-지 고훙
- [ ] 1분　一分 입뿡
- [ ] 10분　十分 줍뿡

유용하게 쓸 수 있는 단어

- [ ] 20분 　二十分니줍뽕
- [ ] 1시간 　一時間이찌지깡
- [ ] 2시간 　二時間니지깡
- [ ] 5시간 　五時間고지깡
- [ ] 한밤중 　真夜中마요나까
- [ ] 정오 　正午쇼-고
- [ ] 지금 　今이마
- [ ] 나중에 　後で아또데
- [ ] 아직 　まだ마다
- [ ] 곧 　すぐ스구
- [ ] 이미, 벌써 　もう모-

계절과 색

- [ ] 봄 　春하루
- [ ] 여름 　夏나쯔
- [ ] 가을 　秋아끼
- [ ] 겨울 　冬후유
- [ ] 빨간 　赤い아까이
- [ ] 파란 　青い아오이
- [ ] 검은 　黒い구로이
- [ ] 흰 　白い시로이
- [ ] 녹색 　緑미도리
- [ ] 노란 　黄色い키-로이
- [ ] 오렌지색 　オレンジ오렌지
- [ ] 분홍색 　ピンク삥꾸
- [ ] 갈색 　茶色い챠이로이
- [ ] 감색 　紺콘
- [ ] 보라색 　紫무라사끼

가족

- [ ] 아버지 　ちち찌찌 / おとうさん오또-상
- [ ] 어머니 　はは하하 / おかあさん오까-상
- [ ] 할아버지 　そふ소후 / おじいさん오지-상
- [ ] 할머니 　そぼ소보 / おばあさん오바-상
- [ ] 양친 　両親료-싱
- [ ] 남편 　夫옷또
- [ ] 아내 　妻쯔마
- [ ] 아들 　むすこ무스꼬
- [ ] 딸 　むすめ무스메
- [ ] 형제 　兄弟쿄-다이

유용하게 쓸 수 있는 단어

- [ ] 자매　　　姉妹 시마이
- [ ] 작은아버지　おじ 오지 / おじさん 오지상
- [ ] 작은어머니　おば 오바 / おばさん 오바상
- [ ] 사촌　　　いとこ 이또꼬

수를 세는 단위

- [ ] 사람...~人 닝

한 사람	ひとり 히또리	두 사람	ふたり 후따리
세 사람	三人 산닝	네 사람	四人 요닝

- [ ] 동물...~匹 히키

한 마리	一匹 입삐끼	두 마리	二匹 니히끼
세 마리	三匹 삼비끼	네 마리	四匹 용히끼

- [ ] 긴 물건(병, 연필, 막대 등)...~本 홍

한 병	一本 입뽕	두 병	二本 니홍
세 병	三本 삼봉	네 병	四本 용홍

- [ ] 얇은 물건(옷감, 종이 등)...~枚 마이

한 장	一枚 이찌마이	두 장	二枚 니마이
세 장	三枚 삼마이	네 장	四枚 욤마이

- [ ] 책...~冊 사쯔

한 권	一冊 잇사쯔	두 권	二冊 니사쯔
세 권	三冊 산사쯔	네 권	四冊 용사쯔

- [ ] 상자...~箱 하꼬

한 상자	一箱 히또하꼬	두 상자	二箱 후따하꼬
세 상자	三箱 삼바꼬	네 상자	四箱 욤바꼬

SCENE 01

출발 / 도착

Contents

초간단 필수 표현과 여행정보
1. 탑승
2. 이륙
3. 기내서비스
4. 기내에서 몸이 좋지 않을 때
5. 비행기를 갈아탈 때
6. 입국심사
7. 수하물 찾기
8. 세관심사
9. 환전
10. 공항에서 호텔로

유용하게 쓸 수 있는 단어

초간단 필수 표현과 여행정보

● ~행 편은 있습니까?

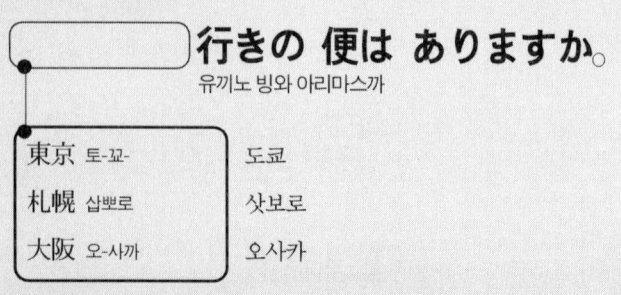

行きの 便は ありますか。
유끼노 빙와 아리마스까

東京 토-꾜-	도쿄
札幌 삽뽀로	삿보로
大阪 오-사까	오사카

관련표현 ● 몇 시에 공항에서 체크인 해야 합니까?

何時に 空港で チェックイン しなければ なりませんか。
난지니 쿠-꼬-데 첵꾸인 시나께레바 나리마셍까

여행 정보

◆ 한국 출국 수속

공항 도착→항공사 카운터에서 탑승수속(공항 2층에서 짐을 부치고 좌석을 배정받아 탑승권 받기)→환전→병무신고(해당자)→출국세, 공항이용권 구입(19,000원)→출입국 신고서 작성→출국 심사장으로 이동, 공항 이용권 제출→출국심사(여권, 탑승권, 출국신고서 제출)→면세점 쇼핑→탑승게이트로 이동 항공기 탑승

◆ 일본 입국 수속

일본 출입국신고서와 세관신고서 작성(기내에서 승무원에게 받거나 입국심사대 앞에 비치)→입국 심사(여권, 귀국항공권, 출입국신고서 제출)→수하물 찾기(비행기 편명이 씌인 테이블에서)→세관심사(세관신고서 제출, 신고할 사항이 없으면 그냥 통과)

◆ 공항에서 시내로(나리타 공항에서)

나리타 공항은 도쿄 시내에서 약 60km 떨어져 있습니다. 도쿄 시내로 들어가기 위해 보통 여행자가 이용하는 열차 노선으로는 게이세이(京成)선, JR선, 스카이 라이너가 있습니다.

◎ **게이세이(京成) 전철**...90분 정도면 종점인 우에노역에 도착할 수 있으며 요금은 천엔입니다.

◎ **나리타 익스프레스**...갈아타지 않고 도쿄역이나 신주쿠로 갈 수 있지만 요금은

~는 어디입니까?

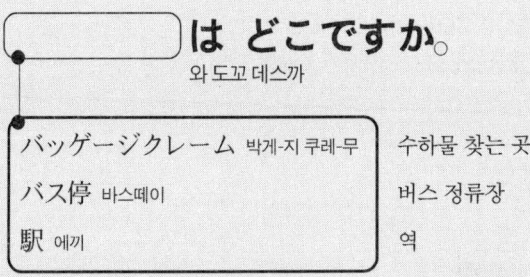

は どこですか。
와 도꼬 데스까

バッゲージクレーム 박게-지 쿠레-무	수하물 찾는 곳
バス停 바스떼이	버스 정류장
駅 에끼	역

비싼 편입니다.
◎ 스카이라이너(skyliner)...나리타 익스프레스와 비교하면 요금도 비교적 싸고 편안하게 앉아서 갈 수 있습니다. 요금을 절약할 생각이면 게이세이 전철을 이용하고 편안한 여행을 원한다면 스카이라이너를 이용하면 좋습니다.
◎ 리무진 버스, 택시...좀 더 비싸고 좋은 방법으로는 리무진 버스가 있는데 시간은 약 1시간 40분 걸리고 요금은 3천엔 정도이며 배차 간격은 10분 정도.
택시로는 시내까지 약 1시간에서 1시간 반 정도 걸리며 요금은 2만엔 이상이 듭니다. 그러나 지역별로 구역을 설정해서 동일하게 요금을 받는 승합 택시(9인승 승합차)를 이용하면 요금은 리무진 버스보다 좀 비싸지만 목적지까지 편하게 갈 수 있고 원하는 곳에서 내릴 수 있습니다.

◆ 하네다(羽田) 공항에서 시내로 들어가기

나리타 공항보다 시내에서 가깝기 때문에 시내로 들어가기가 편합니다. 공항에서 모노레일을 타고 JR야마노테센으로 갈아탈 수 있는 하마마쯔쵸역까지 갑니다(22분 소요). 게이세이선을 이용해서 이동할 수도 있습니다.

도쿄 국제공항(하네다 공항 국제선 청사)의 경우에는 국내선으로 무료 셔틀버스가 운행중이므로 우선 무료 셔틀버스를 이용해서 국내선 청사로 이동한 다음 모노레일을 이용해 하마마쯔쵸역까지 가야 합니다.

출발/도착

01 탑승

■ Point 1 　맞춤 표현

실례지만, 제 자리는 어디입니까?
すみませんが、私の 席は どこですか。
스미마셍가 와따시노 세끼와 도꼬데스까

이게 제 탑승권입니다.
これが 私の 搭乗券です。
코레가 와따시노 토-죠-껜데스

이것은 어디 놓으면 좋겠습니까?
これは どこで 置けば いいですか。
코레와 도꼬데 오께바 이-데스까

Point 2 　유용하게 쓸 수 있는 표현

☐ 실례지만 여긴 제 자리인데요.

すみませんが、ここは 私の 席ですが。
스미마셍가 코꼬와 와따시노 세끼데스가

☐ 제 탑승권에는 37H라고 씌어 있습니다.

私の 搭乗券には 37Hと 書いて あります。
와따시노 토-죠-껜니와 산쥬-나나 에치또 카이떼 아리마스

☐ 여기에 코트를 넣어도 됩니까?

ここに コートを 入れても いいですか。
코꼬니 코-또오 이레떼모 이-데스까

□ 이것을 위에 있는 수하물 선반에 넣어 주시겠습니까?

これを 上の荷物棚に 入れて くださいますか。
코레오 우에노 니모쯔타나니 이레떼 쿠다사이마스까

□ 담배를 피워도 됩니까?

タバコを すっても いいですか。
타바꼬오 슷떼모 이-데스까

□ 이 좌석은 금연석입니까?

この 席は 禁煙席ですか。
코노 세끼와 킹엔세끼데스까

□ 통로측이 좋아서 그러는데요 좌석 좀 바꿔 주시겠습니까?

通路側のほうが いいので、替わって いただけませんか。
쯔-로까와노 호-가 이-노데 카왓떼 이따다께마셍까

□ 좌석을 눕혀도 되겠습니까?

シートを 倒しても いいですか。
시-또오 타오시떼모 이-데스까

□ 좌석을 바로해 주시겠습니까?

シートを 戻して いただけますか。
시-또오 모도시떼 이따다께마스까

□ 모포와 베개를 갖다 주겠습니까?

毛布と 枕を 取って いただけますか。
모-후또 마꾸라오 톳떼 이따다께마스까

□ 한국 잡지는 있습니까?

韓国の雑誌は ありますか。
캉코꾸노 잣시와 아리마스까

출발/도착

이륙

■ Point 1　맞춤 표현

↗ 자리에 앉아 주십시오.
お座りください。
오스와리 쿠다사이

↗ 좌석 벨트를 매 주십시오.
シートベルトを お締め ください。
시-또베루또오 오시메 쿠다사이

↗ 좌석을 바로 해 주십시오.
シートを 戻して ください。
시-또오 모도시떼 쿠다사이

 Point 2　유용하게 쓸 수 있는 표현

☐ 가방을 위에 있는 수하물 선반에 넣어 주세요.

バッグを 上の荷物棚に 入れて ください。

박구오 우에노 니모쯔타나니 이레떼 쿠다사이

☐ 미안하지만 통로를 지나갈 수 있습니까?

すみません。通路を 通じて いただけますか。
스미마셍. 쯔-로오 쯔-지떼 이따다께마스까

☐ 테이블을 바로 해 주세요.

テーブルを 元に 戻して ください。

테-부루오 모또니 모도시떼 쿠다사이

- [ ] 이륙하겠습니다, 자리에 앉아 주세요.

  離陸しますので、お席に お着き ください。

  리리꾸시마스노데 오세끼니 오쯔끼 쿠다사이

- [ ] 짐이 좌석 밑에 안 들어가는데 맡아 주세요.

  荷物が 座席の 下に 入らないので 預かって ください。

  니모쯔가 자세끼노 시따니 이라나이노데 아즈깟떼 쿠다사이

- [ ] 창의 차일을 닫아 주십시오.

  窓のシェードを 閉めて ください。

  마도노 세-도오 시메떼 쿠다사이

- [ ] 좌석으로 돌아가 주십시오.

  座席に お戻り ください。

  자세끼니 오모도리 쿠다사이

- [ ] 좌석벨트 사인이 켜졌습니다.

  シートベルトの サインが つきました。

  시-또베루또노 사잉가 쯔끼마시타

- [ ] 영화는 언제 시작됩니까?

  映画は いつ 始まりますか。

  에-가와 이쯔 하지마리마스까

- [ ] 도쿄에는 몇 시에 도착합니까?

  東京には 何時に 着きますか。

  토-꾜-니와 난지니 쯔끼마스까

- [ ] 현지 시간 11시에 도착합니다.

  現地時間の11時に 着きます。

  겐찌지깐노 쥬-이찌지니 쯔끼마스

출발/도착

03 기내 서비스

■ Point 1   맞춤 표현

> ↗ 쇠고기를 주십시오.
> **ビーフを ください。**
> 비-후오 쿠다사이
>
> ↗ 술은 서비스입니까?
> **お酒は サービスですか。**
> 오사께와 사-비스데스까
>
> ↗ 와인을 주십시오.
> **ワインを ください。**
> 와잉오 쿠다사이

Point 2   요용하게 쓸 수 있는 표현

□ 음료를 드시겠습니까?

何か お飲み物を 召しあがりますか。
나니까 오노미모노오 메시아가리마스까

□ 됐습니다.

けっこうです。
켁꼬-데스

□ 어떤 음료가 있습니까?

どんな 飲み物が ありますか。
돈나 노미모노가 아리마스까

출발/도착

☐ 물을 좀 주세요

お水を ください。

오미즈오 쿠다사이

☐ 스카치에 물을 섞어 주십시오.

スコッチの水割りを お願いします。

스꼿찌노 미즈와리오 오네가이시마스

☐ 밥은 없습니까?

ごはんは ありませんか。

고항와 아리마셍까

☐ 어느 채널에서 영화를 하고 있습니까?

どの チャンネルで 映画を やって いますか。

도노 찬네루데 에-가오 얏떼 이마스까

☐ 이어폰이 망가졌는데 바꿔 주시겠습니까?

イヤホーンが こわれて いるので、取り替えて くれますか。

이야홍-가 코와레떼 이루노데 토리까에떼 쿠레마스까

☐ 잡지(신문) 있습니까?

何か 雑誌(新聞)は ありますか。

나니까 잣시(심붕)와 아리마스까

☐ 한국어 신문은 있습니까?

韓国語の 新聞は ありますか。

캉꼬꾸고노 심붕와 아리마스까

☐ 멀미봉지는 있습니까?

エチケット袋は ありますか。

에찌껫또 후꾸로와 아리마스까

47

출발/도착

04 기내에서 몸이 좋지 않을 때

■ Point 1 맞춤 표현

▌ 몸이 좋지 않은데요.
気分が 悪いんですが。
키붕가 와루인데스가

▌ 울렁거립니다.
むかむかするんです。
무까무까스룬데스

▌ 머리가 아픕니다.
頭痛が します。
즈쯔-가 시마스

Point 2 유용하게 쓸 수 있는 표현

□ 어떻게 아픕니까?

どう 具合いが 悪いのですか。
도- 구아이가 와루이노데스까

□ 아스피린은 있습니까?

アスピリンは ありますか。
아스삐링와 아리마스까

□ 멀미가 나는 것 같아요.

たぶん 乗り物酔いでしょう。
타붕 노리모노요이데쇼-

☐ 기분이 나쁘니까 멀미약을 좀 주세요.

気分が 悪いですが、乗り物酔の 薬を ください。

키붕가 와루이데스가 노리모노요이노 쿠스리오 쿠다사이

☐ 멀미에 잘 듣는 약을 주세요.

乗り物酔いに きく 薬を ください。

노리모노요이니 키꾸 쿠스리오 쿠다사이

☐ 비행기 멀미 봉지가 좌석 주머니에 있습니다.

飛行機酔の ための 袋が 座席の ポケットに あります。

히꼬-끼요이노 타메노 후꾸로가 자세끼노 뽀껫또니 아리마스

☐ 약을 가져다 드리겠습니다.

薬を お持ちしましょう。

쿠스리오 오모찌시마쇼-

☐ 미안합니다만 복통약 있습니까?

すみませんが、腹痛の薬が ありますか。

스미마셍가 후꾸쯔-노 쿠스리가 아리마스까

☐ 한국어를 할 줄 아는 의사는 안 계십니까?

韓国語の 話せる 医者は いませんか。

캉꼬꾸고노 하나세루 이샤와 이마셍까

☐ 한국어를 할 줄 아는 스튜어디스가 있습니까?

韓国語の 話せる スチュワーデスは いませんか。

캉꼬꾸고노 하나세루 스츄와-데스와 이마셍까

출발/도착

05 비행기를 갈아탈 때

■ Point 1   맞춤 표현

▼ 노스웨스트항공 720편으로 갈아타려고 합니다.
ノースウエスト航空 720便に 乗りつぎたいんですが。
노-스웨스또 코-꾸- 나나니마루빈니 노리쯔기따인데스가

▼ KE 702편의 게이트는 어디입니까?
KE702便の ゲートは どこですか。
케-이 나나마루니빈노 게-또와 도꼬데스까

▼ 짐을 여기 두어도 됩니까?
荷物を ここに 置いて いって いいですか。
니모쯔오 코꼬니 오이떼 잇떼 이-데스까

Point 2   요용하게 쓸 수 있는 표현

□ 갈아타는 승객용 라운지는 어디입니까?

トランジット用の ラウンジは どちらですか。
토란짓또 요-노 라운지와 도찌라데스까

□ 저 표시를 따라 가세요.

あの 表示 どおりに 行って ください。
아노 효-지 도-리니 잇떼 쿠다사이

□ 제2 터미널로 가야 합니다.

第2ターミナルに 行かなければ なりません。
다이 니 타-미나루니 이까나께레바 나리마셍

☐ 계단을 내려가서 버스를 타세요.

階段を 降りて、バスに 乗って ください。

카이당오 오리떼 바스니 놋떼 쿠다사이

☐ 얼마나 지연됩니까?

どの くらい 遅れて いますか。

도노 쿠라이 오꾸레떼 이마스까

☐ 얼마나 기다리게 됩니까?

どの くらい 待つ ことに なりますか。

도노 쿠라이 마쯔 코또니 나리마스까

☐ 정시에 출발합니다.

定時 出発です。

테이지 슙빠쯔데스

☐ 연결편을 놓쳤는데 어떻게 하면 되겠습니까?

乗りつぎ便に 乗り遅れたのですが、どうすれば よいでしょうか。

노리쯔기빈니 노리오꾸레따노데스가 도-스레바 요이데쇼-까

☐ 다음 편에 좌석을 잡아 드리겠습니다.

次の 便で 席を お取りします。

쯔기노 빈데 세끼오 오또리시마스

☐ ~편에 늦어 못 탔는데 다음 편에 탈 수 있습니까?

~便に 乗り遅れたのですが、次の 便に 乗れますか。

~빈니 노리오꾸레따노데스가 쯔기노 빈니 노레마스까

출발/도착

06 입국심사

■ Point 1 맞춤 표현

↗ 여권을 부탁합니다.
パスポートを お願いします。
빠스뽀-또오 오네가이시마스

↗ 방문 목적은 무엇입니까?
訪問の 目的は 何ですか。
호-몽노 목떼끼와 난데스까

↗ 관광(비즈니스)입니다.
観光(ビジネス)です。
칸꼬-(비지네스)데스

 Point 2 응용하게 쓸 수 있는 표현

□ 입국심사대는 어디입니까?

入国審査の カウンターは どこですか。
뉴-꼬꾸신사노 카운따-와 도꼬데스까

□ 여권을 보여 주십시오.

パスポートを 拝見します。
빠스뽀-또오 하이껜시마스

□ 국적은 어디입니까?

国籍は どちらですか。
콕세끼와 도찌라데스까

□ 한국인입니다.

韓国人です。

캉꼬꾸진데스

□ 우리나라에는 처음 오셨습니까?

わが国へは はじめて 来られますか。

와가 쿠니에와 하지메떼 코라레마스까

□ 얼마나 체재하실 겁니까?

どれくらい 滞在しますか。

도레쿠라이 타이자이시마스까

□ 1주일 정도입니다.

1週間ほどです。

잇슈-깡 호도데스

□ 도쿄에서는 어디에서 묵으십니까?

東京では どこに お泊りますか。

토-꾜데와 도꼬니 오토마리마스까

□ ~호텔입니다.

~ホテルです。

~호떼루데스

□ 아직 정하지 않았습니다. 지금부터 찾을 겁니다.

まだ 決って いません。これから 探します。

마다 키맛떼 이마셍. 코레까라 사가시마스

| 출발/도착

07 수하물 찾기

■ Point 1   맞춤 표현

▲ 젠닛쿠 708편의 하물은 어디입니까?
全日空708便の 荷物は どこですか。
젠니꾸 나나마루하찌빈노 니모쯔와 도꼬데스까

▲ 4번 테이블입니다.
4番 テーブルです。
욤반 테-부루데스

▲ 내 가방이 나오지 않았습니다.
私のスーツケースが 出て きません。
와따시노 스-쯔께-스가 데떼 키마셍

Point 2   유용하게 쓸 수 있는 표현

□ 짐은 어디서 찾습니까?

荷物は どこで 受け取るのですか。
니모쯔와 도꼬데 우께또루노데스까

□ 카트는 있습니까?

カートは ありますか。
카-또와 아리마스까

□ 카트를 택시 타는곳까지 가지고 가도 됩니까?

カートを タクシー乗り場まで 持って いっても いいですか。
카-또오 타꾸시-노리바마데 못떼잇떼모 이-데스까

□ 제 여행가방이 망가져 있는데요.

私の スーツケースが 壊れて いるのですが。
와따시노 스-쯔께-스가 코와레떼 이루노데스가

□ 항공사 직원은 어디 있습니까?

航空会社の 職員は どこに いるでしょうか。
코-꾸-카이샤노 쇼꾸잉와 도꼬니 이루데쇼-까

□ 짐표를 보여 주시겠습니까?

荷物の 預かり証を 拝見できますか。
니모쯔노 아즈까리쇼-오 하이껜데끼마스까

□ 가방은 무슨 색입니까?

バッグは 何色ですか。
박구와 나니이로데스까

□ 검은 색입니다.

黒です。
쿠로이데스

□ ~ 호텔에 묵고 있습니다.

~ホテルに 泊まって います。
~호떼루니 토맛떼 이마스

□ 찾게 되면 이 주소로 보내 주세요.

見つかったら、この 住所に 届けて ください。
미쯔깟따라 코노 쥬-쇼니 토또께떼 쿠다사이

출발/도착

세관심사

Point 1 맞춤 표현

➤ 신고할 것이 있습니까?
申告する ものが ありますか。
싱꼬꾸스루 모노가 아리마스까

➤ 신고할 것은 없습니다.
申告する ものは ありません。
싱꼬꾸스루 모노와 아리마셍

➤ 제 소지품입니다.
私の 身の回り ものです。
와따시노 미노마와리 모노데스

Point 2 응용하게 쓸 수 있는 표현

□ 세관은 어디 있습니까?

税関は どこに ありますか。
제-깡와 도꼬니 아리마스까

□ 신고할 것은 없습니다.

申告する ものは 何も ありません。
싱꼬꾸스루 모노와 나니모 아리마셍

□ 세관 신고서입니다.

税関の 申告書です。
제-깐노 싱꼬꾸쇼데스

- [ ] 돈을 신고해야 합니까?

    お金を 申告しなければ なりませんか。
    오까네오 싱꼬꾸시나께레바 나리마셍까

- [ ] 여행가방을 열어 주십시오.

    スーツケースを 開けて ください。
    스-쯔케-스오 아께떼 쿠다사이

- [ ] 위스키나 담배를 갖고 계십니까?

    ウイスキーか タバコかは お持ちますか。
    위스끼-까 타바꼬까와 오모찌마스까

- [ ] 과일이나 육류를 가지고 계십니까?

    フルーツか 肉類を お持ちますか。
    후루-쯔까 니꾸루이오 오모찌마스까

- [ ] 친구에게 줄 작은 선물을 가지고 있습니다.

    友人への 小さい みやげを 持って います。
    유-징에노 찌이사이 미야게오 못떼 이마스

- [ ] 그건 일본돈으로 천엔 정도입니다.

    それは 日本の 円で、千円ぐらいです。
    소레와 니혼노 엔데 셍엥구라이데스

- [ ] 식료품은 갖고 들어갈 수 없습니까?

    食料品は 持ち込めませんか。
    쇼꾸료-힝와 모찌꼬메마셍까

출발/도착
09 환전

■ Point 1 맞춤 표현

🔊 이 근처에 환전소가 있습니까?
この へんに 両替所は ありますか。
코노 헨니 료-가에죠와 아리마스까

🔊 원화를 엔으로 바꾸고 싶습니다.
ウオンを 円に 替えたいのですが。
웡오 엔니 카에따이노데스가

🔊 원화 환율은 얼마입니까?
ウオンの 為替レートは いくらですか。
원노 카와세 레-또와 이꾸라데스까

 Point 2 유용하게 쓸 수 있는 표현

☐ 어디에서 환전을 할 수 있습니까?
どこで 両替できますか。
도꼬데 료-가에데끼마스까

☐ 오늘의 환율은 얼마입니까?
今日の 為替レートは いくらですか。
쿄-노 카와세 레-또와 이꾸라데스까

☐ 1만엔을 환전하고 싶습니다.
一万円を 両替したいのです。
이찌망엔오 료-가에 시따이노데스

□ 공항에 있는 은행에서 엔과 원을 환전할 수 있습니까?

空港に ある 銀行で 円と ウオンの 兩替が できますか。

쿠-꼬-니 아루 깅꼬-데 엔또 원노 료-가에가 데끼마스까

□ 소액권으로 바꿔 주십시오.

小さい お札に 替えて ください。

찌-사이 오사쯔 니 카에떼 쿠다사이

□ 이 만엔짜리를 천엔 10장으로 바꿔주세요.

この 万円札を 千円 十枚に して ほしいのですが。

코노 망엔사쯔오 셍엔 쥬-마이니 시떼 호시이노데스가

□ 나머지는 동전으로 주세요.

残りは コインに して ください。

노꼬리와 코인니 시떼 쿠다사이

□ 여기에서 여행자수표를 팝니까?

ここで トラベラーズチエツクを 売って いますか。

코꼬데 토라베라-즈 첵꾸오 웃떼 이마스까

□ 여행자수표를 현금으로 바꿔 주세요.

トラベラーズ チエッグを 現金に して くだしい。

토라베라-즈 첵꾸오 겡낀니 시떼 쿠다사이

□ 비자카드로 현금 서비스를 받고 싶습니다.

ビザカードで 現金前借り お願いします。

비자까-도데 겡낀 마에가리 오네가이시마스

출발/도착

1ㅁ 공항에서 호텔로

▪ Point 1 맞춤 표현

▼ 여기에서 시내로 가는 가장 좋은 방법은 무엇입니까?
ここから 市内へ 行く いちばん いい 方法は 何ですか。
코꼬까라 시나이에 이꾸 이찌방 이- 호-호-와 난데스까

▼ 공항버스는 얼마입니까?
空港バスは いくらですか。
쿠-꼬-바스와 이꾸라데스까

▼ 시내로 가는 버스 있습니까?
市内に 行く バスは ありますか。
시나이니 이꾸 바스와 아리마스까

Point 2   응용하게 쓸 수 있는 표현

☐ 셔틀버스는 ~호텔에 섭니까?
シャトル バスは ~ホテルに 止まりますか。
샤또루 바스와 ~호떼루니 토마리마스까

☐ 어디에서 표를 살 수 있습니까?
どこで 切符が 買えますか。
도꼬데 킵뿌가 카에마스까

☐ 셔틀버스는 어디에서 출발합니까?
シャトル バスは どこから 出ますか。
샤또루 바스와 도꼬까라 데마스까

- [ ] 다음 셔틀버스는 언제 있습니까?

    次の シャトル バスは いつですか。
    쯔기노 샤또루 바스와 이쯔데스까

- [ ] 시내로 가는 버스는 몇 시에 출발합니까?

    市内行きの バスは 何時に 出ますか。
    시나이유끼노 바스와 난지니 데마스까

- [ ] 언제 내리면 되는지 알려 주시겠습니까?

    いつ 降りたら いいか 教えて くれますか。
    이쯔 오리따라 이-까 오시에떼 쿠레마스까

- [ ] 다음에서 내리고 싶습니다.

    次で 降りたいのです。
    쯔기데 오리따이노데스

- [ ] 어디서 택시를 탈 수 있습니까?

    どこで タクシーを 拾えますか。
    도꼬데 타꾸시오 히로에마스까

- [ ] 도쿄역까지 요금은 얼마 정도입니까?

    東京駅まで いくらぐらいですか。
    토-꾜-에끼마데 이꾸라구라이데스까

- [ ] ~호텔로 가고 싶습니다.

    ~ホテルへ 行きたいですが。
    ~호떼루에 이끼따이데스가

- [ ] 여기에 세워 주세요.

    ここで 止めて ください。
    고꼬데 토메떼 쿠다사이

유용하게 쓸 수 있는 단어

☐	스튜어디스	スチュワーデス	스츄와-데스
☐	비상구	非常口	히죠구찌
☐	구명동의	救命胴衣	큐-메이도이
☐	구토봉지	嘔吐袋	오-또부꾸로
☐	금연	禁煙	킹넹
☐	시차	時差	지사
☐	현지시간	現地時間	켄찌지깡
☐	이어폰	イアホーン	이야홍-
☐	담요	毛布	모-후
☐	베개	枕	마꾸라
☐	잡지	雜誌	잣시
☐	화장실	トイレ	토이레
☐	외국인	外国人	카이꼬꾸징
☐	여권	旅巻	료껭
☐	비자	査証	사쇼-
☐	입국카드	入国カード	뉴-꼬꾸까-도
☐	출국카드	出国カード	슈꼬꾸까-도
☐	이름	名前	나마에
☐	국적	国籍	코꾸세끼
☐	직업	職業	쇼꾸교-
☐	주소	住所	쥬-쇼
☐	술	酒	사께
☐	향수	香水	코-스이
☐	보석	宝石	호-세끼
☐	지폐	紙幣	시헤-
☐	동전	コイン	코잉

SCENE 02

숙박

Contents

초간단 필수 표현과 여행정보
1. 숙박시설 찾기
2. 체크인(예약했을 때, 하지 않았을 때)
3. 체크인할 때의 문제
4. 프론트에서
5. 호텔이용(모닝콜, 룸서비스)
6. 호텔이용(편의시설 찾기)
7. 호텔이용(세탁서비스)
8. 호텔에서의 문제

유용하게 쓸 수 있는 단어

초간단 필수 표현과 여행정보

● ~을 찾고 있습니다.

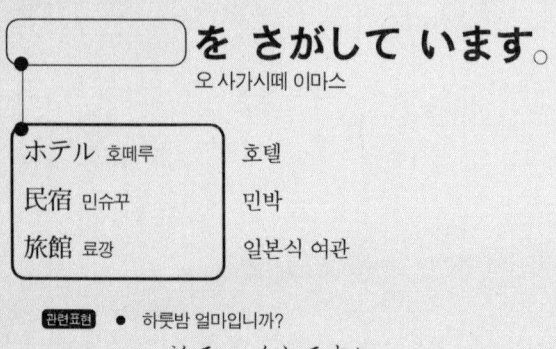

を さがして います。
오 사가시떼 이마스

ホテル 호떼루   호텔
民宿 민슈꾸   민박
旅館 료깡   일본식 여관

관련표현 ● 하룻밤 얼마입니까?
一泊で いくらですか。
입빠꾸데 이꾸라데스까

여행 정보

◆ **일본의 숙박시설**

▶ **특급호텔**
  도쿄에는 호화로운 설비와 최고의 서비스를 갖춘 특급호텔이 많습니다. 우리나라의 특급호텔과 마찬가지로 사우나, 헬스클럽 등 편의시설을 갖추고 있지만 요금은 비싼 편으로 더블룸의 숙박료는 약 2만~4만엔 정도입니다.

▶ **비즈니스 호텔**
  일본에는 비즈니스 호텔들이 많고 숙박료는 특급호텔 만큼 비싸지 않아 출장을 오는 사람들에게 인기입니다. 비즈니스 호텔의 방은 대부분 작고 기본적인 설비만 제공합니다. 싱글룸의 숙박료는 약 7천~만2천엔 정도입니다.

▶ **료칸**
  우리나라의 여관과는 달리 진정한 일본의 문화를 느껴볼 수 있는 곳으로 숙박료는 방의 크기, 서비스, 설비와 시설 등에서 많은 차이가 있습니다. 도쿄의 고급 료칸은 저녁과 아침식사 포함 1인당 하루 숙박료가 약 3만5천엔 정도입니다. 일부 가정에선 개인적으로 작은 료칸을 차리고 있는데 이런 료칸의 숙박료는 약 4천엔 정도이지만 개별 화장실과 욕실이 없는 경우가 많습니다.

- **~딸린 방을 부탁합니다.**

> ☐ **付きの 部屋を お願いします。**
> 쯔끼노 헤야오 오네가이시마스

お風呂 오후로	욕실
シャワー 사와	샤워
テレビー 테레비-	텔레비전

관련표현 ● 1인실을 부탁합니다.

> **シングル ルーム お願いします。**
> 싱구루 루-무 오네가이시마스

▶ **유스호스텔**
유스호스텔은 가장 편하고 싸게 묵을 수 있는 곳입니다. 여러명이 한 방에서 숙박하므로 세계에서 모인 여행자들로 부터 여행정보도 얻을 수 있지만 그러한 것이 단점이 될 수도 있습니다. 체크인 시간은 오후 3시부터 밤12시이고 체크아웃시간은 보통 아침 9시인 것이 일반적입니다. 도쿄 국제유스호스텔은 지하철 이다바시역 지상 중심 광장빌딩 1층과 19층에 있습니다. 도시 중심지역에 있어 깨끗하고 호텔시설도 현대화 되어 있습니다. 야간 폐관시간은 11시이고 침대는 158개 있습니다. 숙박비는 하루 3천백엔이고 아침식사비는 4백엔, 저녁식사비는 8백엔입니다.

▶ **민슈쿠**
우리 나라의 가정집과 같은 숙소로 보통 1박 2식 기준입니다. 요금은 비즈니스 호텔보다 비싼 수준(1박 2식에 6천엔~8천엔 정도)이지만 전통적인 일본 숙소를 보고 싶다면 한번쯤 이용해보는 것이 좋습니다. 역 안의 관광안내소에서 소개를 받으면 됩니다.

숙박

01 숙박시설 찾기

■ Point 1 맞춤 표현

▸ 관광안내소는 어디 있습니까?
観光案内所は どこに ありますか。
캉꼬-안나이쇼와 도꼬니 아리마스까

▸ 오늘 밤 싱글은 있습니까?
今夜の シングルは ありますか。
콩야노 싱구루와 아리마스까

▸ 아침식사는 포함되어 있습니까?
朝食は ふくまれて いますか。
쪼-쇼꾸와 후꾸마레떼 이마스까

Point 2 유용하게 쓸 수 있는 표현

☐ 료칸(민슈쿠/유스호스텔)에 묵고 싶은데요.

旅館(民宿/ユースホステル)に 泊まりたいんですが。
료깐(민슈꾸/유-스호스떼루)니 도마리따인데스가

☐ 료칸을 소개해 주세요.

旅館を 紹介して ください。
료-깡오 쇼-까이시떼 쿠다사이

☐ 싸고 안전한 호텔을 소개해 주세요.

安くて 安全な ホテルを 紹介して ください。
야스꾸떼 안젠나 호떼루오 쇼-까이시떼 쿠다사이

☐ 여기서 예약을 할 수 있습니까?

ここで 予約 できますか。

코꼬데 요야꾸 데끼마스까

☐ 역 근처에 묵고 싶은데 어디 없을까요?

駅の 近くに 泊りたいのですが、どこに ありませんか。

에끼노 찌까꾸니 토마리따이노데스가 도꼬니 아리마셍까

☐ 욕실이 딸린 싱글룸으로 부탁합니다.

バスつきの シングル ルームを お願いします。

바스쯔끼노 싱구루 루-무오 오네가이시마스

☐ 하루 얼마입니까?

一泊 おいくらですか。

입빠꾸 오이꾸라데스까

☐ 서비스료와 세금이 포함된 요금입니까?

サービスと 税金込の 料金ですか。

사-비스또 제-낑꼬미노 료-낀데스까

☐ 픽업하러 오는 데는 시간이 얼마나 걸립니까?

ピックアップには どれくらいの 時間が かかりますか。

삑꾸압뿌니와 도레꾸라이노 지깡가 카까리마스까

☐ 다른 호텔을 소개해 주시겠습니까?

ほかの ホテルを 紹介して くれませんか。

호까노 호떼루오 쇼-까이시떼 쿠레마셍까

숙박

02 체크인 (예약했을 때, 하지 않았을 때)

■ Point 1 맞춤 표현

▸ 체크인 부탁합니다. 예약확인서 여기 있어요.
チェックインを お願いします。これが 予約確認書です。
첵꾸잉오 오네가이시마스. 코레가 요야꾸카꾸인쇼데스

▸ 지금 바로 들어갈 수 있습니까?
いま、すぐ 部屋に 入れますか。
이마 스구 헤야니 이레마스까

▸ 빈 방 있습니까?
空いて いる 部屋が ありますか。
아이떼 이루 헤야가 아리마스까

Point 2 요용하게 쓸 수 있는 표현

☐ ~여행사를 통해 예약을 했는데요.

~旅行社を 通じて 予約を したのですが。
~료꼬-샤오 쯔-지떼 요야꾸오 시따노데스가

☐ 이 숙박카드에 기입해 주시겠습니까?

この 宿泊カードに 記入して いただけますか。
코노 슈꾸하꾸 카-도니 키뉴-시떼 이따다께마스까

☐ 보증금이 필요합니까?

保証金が 必要ですか。
호쇼-낑가 히쯔요-데스까

- [ ] 트윈은 얼마입니까?

  ツインは いくらですか。

  쯔잉와 이꾸라데스까

- [ ] 1박에 얼마입니까?

  一泊 いくらですか。

  입빠꾸 이꾸라데스까

- [ ] 사흘입니다.

  三泊です。

  삼바꾸데스

- [ ] 그것은 아침식사가 포함된 가격입니까?

  それは 朝食込みの 値段ですか。

  소레와 쪼-쇼꾸꼬미노 네단데스까

- [ ] 그 방에는 욕실이 있습니까?

  その 部屋には おふろが ついて いますか。

  소노 헤야니와 오후로가 쯔이떼 이마스까

- [ ] 방을 보여 주시겠습니까?

  部屋を 見せて いただけますか。

  헤야오 미세떼 이따다께마스까

- [ ] 좀 더 싼 방은 없습니까?

  もう 少し 手ごろな 部屋は ありませんか。

  모- 스꼬시 테고로나 헤야와 아리마셍까

- [ ] 체크아웃은 몇 시입니까?

  チェック アウトの 時間は 何時ですか。

  첵꾸 아우또노 지깡와 난지데스까

숙박

03 체크인 할 때의 문제

■ Point 1 맞춤 표현

▼ 한국에서 예약했습니다.
韓国で 予約しました。
캉꼬꾸데 요야꾸시마시따

▼ 미안하지만 예약이 되어 있지 않습니다.
すみませんが、あなたの 予約は 見あたりません。
스미마셍가 아나따노 요야꾸와 미아따리마셍

▼ 예약 확인서를 가지고 있습니다.
ここに 予約の 確認書が あります。
코꼬니 요야꾸노 카꾸인쇼가 아리마스

Point 2 유용하게 쓸 수 있는 표현

☐ 숙박카드 쓰는법을 가르쳐 주세요.
宿泊カードの 書き方を 教えて ください
슈꾸하꾸 카도노 카끼카따오 오시에떼 쿠다사이

☐ 다른 방으로 바꿔 주시겠어요?
他の 部屋に 変えて もらえますか。
호까노 헤야니 카에떼 모라에마스까

☐ 더 전망이 좋은 방 없습니까?
もっと 眺めの いい 部屋 ありませんか。
못또 나가메노 이- 헤야 아리마셍까

- [ ] 더 싼 방 없습니까?

    ## もっと 安い 部屋 ありませんか。
    못또 야스이 헤야 아리마셍까

- [ ] 오늘 밤 비어있는 싱글룸 있습니까?

    ## 今晩 シングルは 空いて いますか。
    콤방 싱구루와 아이떼 이마스까

- [ ] 세 명이서 묵을 수 있는 2인실은 있습니까?

    ## 三人で ダブルに 泊れる 部屋は ありますか。
    산닝데 다부루니 토마레루 헤야와 아리마스까

- [ ] 오늘 밤은 방이 없습니다.

    ## 今晩は 満室です。
    콤방와 만씨쯔데스

- [ ] 시내에 있는 좋은 호텔을 하나 알려 주세요.

    ## 市内の りっぱな ホテルを ひとつ 教えて ください。
    시나이노 립빠나 호떼루오 히또쯔 오시에떼 쿠다사이

- [ ] 이 근처에 빈 방이 있을 만한 호텔은 없습니까?

    ## この 近くに 部屋の 空いてそうな ホテルは ありませんか。
    코노 찌까꾸니 헤야노 아이떼소-나 호떼루와 아리마셍까

- [ ] ~호텔은 여기에서 3블록 떨어져 있습니다.

    ## ~ホテルは ここから 3ブロック 離れた ところです。
    ~호떼루와 코꼬까라 삼부록꾸 하나레따 토꼬로데스

숙박

04 프론트에서

▢ Point 1 맞춤 표현

➤ 열쇠 주세요. 702호실입니다.
かぎを ください。702号室です。
카기오 쿠다사이. 나나마루니고-시쯔데스

➤ 귀중품을 맡기고 싶은데요.
貴重品を 預けたいんですが。
키쬬힝오 아즈께따인데스가

➤ 귀중품보관함을 열고 싶은데요.
セフティ・ボックスを 開けたいんですが。
세후띠 복꾸스오 아께따인데스가

Point 2 유용하게 쓸 수 있는 표현

▢ 열쇠를 주시겠습니까?

鍵を お願いします。
카기오 오네가이시마스

▢ 방 번호는 몇 번입니까?

部屋番号は 何番ですか。
헤야방고-와 난반데스까

▢ 보이에게 짐 운반을 부탁하고 싶습니다. 612호실입니다.

ボーイに 荷物を 運んで もらいたいです。612号室です。
보-이니 니모쯔오 하꼰데 모라이따이데스. 로꾸이찌니고-시쯔데스

□ 귀중품보관함을 사용할 수 있습니까?

セフティ・ボックスは 使えますか。

세후띠 복꾸스와 쯔까에마스까

□ 이 상자에 귀중품을 넣어 주십시오.

この 箱に 貴重品を 入れて ください。

코노 하꼬니 키쬬힝오 이레떼 쿠다사이

□ 제게 온 전언은 없습니까?

私に 伝言は ありませんか。

와따시니 뎅공와 아리마셍까

□ 외출하니까 열쇠를 맡아 주세요.

外出しますので、かぎを 預かって ください。

가이슈쯔시마스노데 카기오 아즈깟떼 쿠다사이

□ 식당은 몇 시부터 몇 시까지 합니까?

食堂は 何時から 何時まで やって いますか。

쇼꾸도-와 난지까라 난지마데 얏떼 이마스까

□ 방 전화 사용법을 알려 주세요.

ルーム テレフォンの 使い方を 教えて ください。

루-무 테레홍노 쯔가이카따오 오시에떼 쿠다사이

□ 그건 몇 층에 있습니까?

それは 何階に ありますか。

소레와 낭까이니 아리마스까

숙박

05 호텔 이용 (모닝콜, 룸서비스)

■ Point 1   맞춤 표현

▣ 7시에 모닝콜을 부탁합니다.
　7時に モーニングコールを お願いします。

시찌지니 모-닝구 코-루오 오네가이시마스

▣ 내일 아침식사를 주문하고 싶습니다.
　明日の 朝食を 注文したいんですが。

아시따노 쪼-쇼꾸오 츄-몽시따인데스가

▣ 저는 ~이고 707호실입니다.
　私は ~で、707号室です。

와따시와 ~데 나나마루나나고-시쯔데스

Point 2   유용하게 쓸 수 있는 표현

☐ 체재 중 8시에 모닝콜을 부탁합니다.

　滞在中 8時に モーニングコールを お願いします。

타이자이 쮸- 하찌지니 모-닝구 코-루오 오네가이시마스

☐ 7시 모닝콜을 취소하고 싶습니다.

　7時の モーニングコールを キャンセル したいのですが。

시찌지노 모-닝구 코-루오 갼세루 시따이노데스가

☐ 모닝콜 시간을 변경하고 싶습니다.

　モーニングコールの 時間を 変更したいのですが。

모-닝구 코-루노 지깡오 헹꼬- 시따이노데스가

- [ ] 룸서비스를 부를 때는 어떻게 하면 됩니까?

    ルームサービスを 呼ぶ ときは どうしたら いいですか。
    루-무사-비스오 요부 토끼와 도-시따라 이-데스까

- [ ] 룸 서비스를 부탁합니다.

    ルームサービスを お願いします。
    루-무사-비스오 오네가이시마스

- [ ] 더운물(커피)을 갖다 주세요.

    お湯(コーヒー)を 持って きて ください。
    오유(코-히-)오 못떼 키떼 쿠다사이

- [ ] 내일 아침식사를 방으로 가져다 주시겠습니까?

    明日 朝食を 部屋まで 持って きて いただけますか。
    아시따 쪼-쇼꾸오 헤야마데 못떼 키떼 이따다께마스까

- [ ] 커피와 햄샌드위치를 부탁합니다.

    コーヒーと ハムサンドイッチを お願いします。
    코-히-또 하무산도잇찌오 오네가이시마스

- [ ] 거기에 놓아 주세요.

    そこに 置いて ください。
    소꼬니 오이떼 쿠다사이

- [ ] 서둘러 주세요.

    急いで ください。
    이소이데 쿠다사이

숙박

06 호텔 이용(편의시설 찾기)

Point 1 맞춤 표현

■ 사우나는 있습니까?
サウナは ありますか。
사우나와 아리마스까

■ 몇 시까지 레스토랑은 엽니까?
何時まで レストランは 開いて いますか。
난지마데 레스또랑와 아이떼 이마스까

■ 몇 시에 커피숍은 엽니까?
何時に コーヒーショップは 開きますか。
난지니 코-히-숍뿌와 아끼마스까

Point 2 응용하게 쓸 수 있는 표현

☐ 사우나는 언제 사용할 수 있습니까?
サウナは いつ 使用できますか。
사우나와 이쯔 시요-데끼마스까

☐ 사우나는 유료입니까?
サウナは 有料ですか。
사우나와 유-료-데스까

☐ 담배는 어디에서 살 수 있습니까?
タバコは どこで 買えますか。
타바꼬와 도꼬데 가에마스까

- [ ] 풀은 어디에 있습니까?

    プールは どこに ありますか。
    뿌-루와 도꼬니 아리마스까

- [ ] 나이트클럽에서는 생음악 연주를 합니까?

    ナイトクラブでは 生演奏が ありますか。
    나이또 쿠라부데와 나마엔소-가 아리마스까

- [ ] 변압기는 있습니까?

    変圧器は ありますか。
    헹아쯔끼와 아리마스까

- [ ] 이 호텔에 이발소는 있습니까?

    この ホテルには 床屋は ありますか。
    코노 호떼루니와 토꼬야와 아리마스까

- [ ] 미용실을 예약하고 싶은데요.

    美容院の 予約を したいのですが。
    비요-잉노 요야꾸오 시따이노데스가

- [ ] 헬스클럽 있습니까?

    ヘルスクラブが ありますか。
    헤루스쿠라부가 아리마스까

- [ ] 자동판매기는 어디 있습니까?

    自動販売機は どこに ありますか。
    지-도함바이끼와 도꼬니 아리마스까

숙박

07 호텔 이용(세탁서비스)

Point 1 맞춤 표현

▼ 양복을 드라이클리닝 하려고 하는데요.
スーツを ドライクリーニング したいんですが。
스-쯔오 도라이쿠리-닝구 시따인데스가

▼ 이 얼룩이 빠지겠습니까?
この シミは 取れるでしょうか。
코노 시미와 토레루데쇼-까

▼ 언제까지 되겠습니까?
いつ できあがりますか。
이쯔 데끼아가리마스까

Point 2 응용하게 쓸 수 있는 표현

□ 세탁 서비스가 있습니까?

洗濯の サービスが ありますか。
센따꾸노 사-비스가 아리마스까

□ (전화로) 세탁 서비스를 부탁합니다.

洗濯サービスを お願いします。
센따꾸 사-비스오 오네가이시마스

□ 당일 세탁 서비스는 있습니까?

即日 仕上げの 洗濯のサービスは ありますか。
소꾸지쯔 시아게노 센따꾸노 사-비스와 아리마스까

☐ 코인 런드리는 있습니까?

コイン ランドリーは ありますか。
코잉 란도리-와 아리마스까

☐ 언제 세탁물을 배달해 줍니까?

洗濯物は、いつ 届けて もらえますか。
센따꾸모노와 이쯔 토도께떼 모라에마스까

☐ 내일 아침 10시까지 할 수 있습니까?

明日の 10時までに できあがりますか。
아시따노 쥬-지마데니 데끼아가리마스까

☐ 세탁물은 세탁물 자루에 넣어서 이곳으로 가져와 주십시오.

洗濯物は 洗濯物の袋に 入れて、こちらまで お持ち ください。
센따꾸모노와 센따꾸모노노 후꾸로니 이레떼 코찌라마데 오못찌 쿠다사이

☐ 방까지 가지러 와 주지 않겠습니까?

部屋まで 取りに きて くださいませんか。
헤야마데 토리니 키떼 쿠다사이마셍까

☐ 세탁물이 아직 오지 않았습니다. 언제 됩니까?

クリーニングが まだ 届きません。いつ できますか。
쿠리-닝구가 마다 토도끼마셍. 이쯔 데끼마스까

숙박

호텔에서의 문제

Point 1　맞춤 표현

🔺 열쇠를 잃어 버렸습니다.
かぎを なくして しまいました。
카기오 나꾸시떼 시마이마시따

🔺 에어콘(텔레비전)이 고장입니다.
エアコン(テレビ)が 故障して います。
에아꽁(테레비)가 코쇼-시떼 이마스

🔺 내일 점검할 수 있습니까?
明日 点検して いただけますか。
아시따 텡껭시떼 이따다께마스까

 Point 2　유용하게 쓸 수 있는 표현

☐ 방 청소가 되어 있지 않습니다.
部屋が 掃除されて いないのですが。
헤야가 소-지사레떼 이나이노데스가

☐ 화장실 물이 내려가지 않습니다.
トイレの 水が 流れません。
토이레노 미즈가 나가레마셍

☐ 화장지가 없는데요.
トイレット ペーパーが ないのですが。
토이렛또 뻬-빠-가 나이노데스가

- [ ] 더운 물이 나오지 않아요.

お湯が 出ません。

오유가 데마셍

- [ ] 침대 옆 전등이 켜지지 않습니다.

ベッドの 横の 電灯が つきません。

벳도노 요꼬노 덴또-가 쯔끼마셍

- [ ] 방에 열쇠를 둔 채로 잠가 버렸습니다.

部屋に 鍵を 入れた まま ロックして しまいました。

헤야니 카기오 이레따 마마 록꾸시떼 시마이마시따

- [ ] 8시에 아침식사를 부탁했는데 아직 오지 않았습니다.

八時に 朝ご飯を 頼んで いるのですが、まだ 来ません。

하찌지니 아사고항오 타논데 이루노데스가 마다 키마셍

- [ ] 복도가 시끄러운데요.

廊下が 騒がしいんですが。

로-까가 사와가시인데스가

- [ ] 방을 바꿔 주시겠습니까?

部屋を 替えて いただけませんか。

헤야오 카에떼 이따다께마셍까

유용하게 쓸 수 있는 단어

- [ ] 1인실 — 1人部屋 — 히또리베야
- [ ] 2인실 — 2人部屋 — 후따리베야
- [ ] 3인실 — 3人部屋 — 산닝헤야
- [ ] 아침식사 포함 — 朝食付き — 쵸-쇼꾸쯔끼
- [ ] 민슈쿠 — 民宿 — 민슈꾸
- [ ] 유스호스텔 — ユースホステル — 유-스호스떼루
- [ ] 커피숍 — コーヒーショップ — 코-히-숍뿌
- [ ] 지하 — 地下 — 치까
- [ ] 엘리베이터 — エレベーター — 에레베-따
- [ ] 안내계 — 案内係 — 안나이가까리
- [ ] 로비 — ロビー — 로비-
- [ ] 포터 — ポーター — 뽀-따-
- [ ] 창 — 窓 — 마도
- [ ] 욕실 — お風呂 — 오후로
- [ ] 샤워 — シャワー — 샤와-
- [ ] 치약 — 歯みがき — 하미가끼
- [ ] 칫솔 — 歯ブラシ — 하부라시
- [ ] 비누 — 石鹸 — 섹껭
- [ ] 타월 — タオル — 타오루
- [ ] 텔레비전 — テレビ — 테레비
- [ ] 침대 — ベット — 벳또
- [ ] 냉장고 — 冷蔵庫 — 레-죠-꼬
- [ ] 시트 — シーツ — 시-쯔
- [ ] 에어컨 — エアコン — 에아꽁
- [ ] 열쇠 — 鍵 — 카기
- [ ] 물 — 水 — 미즈

SCENE

03

통신

Contents

초간단 필수 표현과 여행정보
1. 전화(일반적인 표현)
2. 호텔전화, 공중전화를 이용할 때
3. 국제전화, 장거리 전화
4. 부재중, 잘못 걸었을 때
5. 우체국(편지 부칠 때)
6. 우체국(소포, 책 부칠 때)

유용하게 쓸 수 있는 단어

초간단 필수 표현과 여행정보

● ~에 전화하고 싶은데요.

☐ に 電話したいのですが。
니 뎅와 시따이노데스가

관련표현 ● 여보세요, ~씨 부탁합니다.

もしもし、~さん お願いします。
모시모시 ~상 오네가이시마스

여행 정보

◆ 전화

▶ 공중전화(公衆電話)
일본의 공중전화는 국내통화용과 국제통화용 전화기의 모양과 색이 다릅니다. 국내통화용은 보통 녹색이고 국제통화용 전화기는 회색입니다. 국제통화가 가능한 전화기에는 國際電話 또는 International Telephone이라고 씌어 있습니다. 동전과 카드 모두 사용할 수 있지만 거스름돈이 나오지 않으므로 전화카드를 사서 사용하는 것이 좋습니다. 자동판매기, 키오스크 및 편의점에서 5백 엔과 천엔의 공중전화 카드를 쉽게 살 수 있습니다. 국제전화는 백엔짜리 동전을 이용하거나 국제전화카드를 구입해서 겁니다.

▶ 콜렉트콜
콜렉트 콜은 외국에서 한국으로 수신자부담 전화를 이용할 때 자동적으로 연결해 통화하는 방법입니다. 각 통신사 마다 다른 국가별 접속번호를 누른 다음 한국어 안내방송에 따라 이용하면 됩니다.

한국 서울 (02) 2458-1093으로 전화 걸 때의 예

국제전화식별번호 →	국가번호 →	0을 뺀 지역번호 →	전화번호
001	82	2	2458-1093

● ~을 보내고 싶은데요.

**　　　　を 送りたいのですが。**
오 오꾸리따이노데스가

航空書簡 코-꾸쇼깡	항공봉함우편
手紙 테가미	편지
小包 코즈쯔미	소포

◆ 편지 / 소포

한국으로 편지나 엽서를 부칠 때는 우체국까지 가지 않아도 편의점 등에서 우표를 구입해서 붙이고 거리에 있는 빨간색 우체통에 넣으면 됩니다.

▶ **우체국 이용하기**

일본의 우체국은 보통 오전 9시부터 오후 5시까지 업무를 하고 토요일 오전에 여는 우체국도 있습니다. 우편물을 한국으로 부칠 때의 가격-엽서(70엔), 항공봉함우편(90엔), 편지(20g까지 90엔), 소포(500g까지 천7백엔, 5kg까지 500g당 350엔씩 추가)

▶ **편지, 소포 겉봉 쓰는 법**

1. 한국으로 보내는 경우 받는 사람의 주소는 한글로 써도 되지만 국명은 반드시 Seoul, Korea라고 영문으로 써야 합니다.
2. 항공편으로 보낼 때는 Air Mail, 선편일 때는 Sea Mail, 속달로 보낼 때는 Express라고 붉은색으로 씁니다. 신문, 책 등 인쇄물만을 소포로 보낼 때는 Printed Matter라고 쓰면 싸게 부칠 수 있습니다.
3. 소포 안에 주의해서 다뤄야할 물건이 들었을 때는 Handle With Care 또는 Fragile이라고 씁니다. 요금을 착불로 할 때는 C.O.D(Cash On Delivery)라고 씁니다.

통신

01 전화(일반적인 표현)

■ Point 1 맞춤 표현

> 여보세요.
> **もしもし。**
> 모시모시

> 야마다 씨 댁입니까?
> **山田さんの お宅ですか。**
> 야마따상노 오타꾸데스까

> 다나카 씨와 통화하고 싶습니다만.
> **田中さんと お話が したいんですが。**
> 타나까상또 오하나시가 시따인데스가

Point 2 유용하게 쓸 수 있는 표현

□ 야마다 씨입니까?

山田さんですか。
야마따상데스까

□ 기무라 있습니까?

木村は いますか。
키무라와 이마스까

□ 다나카씨를 부탁합니다.

田中さん お願いします。
타나까상 오네가이시마스

86

☐ 기무라씨를 바꿔 주세요.

木村さんを かえて ください。
키무라상오 카에떼 쿠다사이

☐ 전화 좀 써도 괜찮겠습니까?

電話を 使わせて いただけますか。
뎅와오 쯔까와세떼 이따다께마스까

☐ 전화번호부 있습니까?

電話帳は ありますか。
뎅와쬬- 와 아리마스까

☐ 누구십니까?

どちらさまですか。
도찌라사마데스까

☐ 잠깐만 기다리세요.

しばらく お待ちください。
시바라꾸 오마찌쿠다사이

☐ 전화해 줘서 고마워요.

電話して くださって ありがとう。
뎅와시떼 쿠다삿떼 아리가또-

☐ 외선과 연결하려면 0번을 돌리세요.

外線は ゼロを ダイヤル して ください。
가이셍와 제로오 다이야루시떼 쿠다사이

☐ 내선 255번을 부탁합니다.

内線の 255番を お願いします。
나이센노 니고고방오 오네가이시마스

통신

02 호텔전화, 공중전화를 이용할 때

■ Point 1   맞춤 표현

➤ 705호실에는 어떻게 전화하면 됩니까?
705号室へは どう やって 電話すれば よいのですか。
나나마루고고-시쯔에와 도- 얏떼 뎅와스레바 요이노데스까

➤ 705을 돌려 주세요
705を ダイアル して ください。
나나마루고오 다이아루 시떼 쿠다사이

➤ 국제전화 교환을 불러 주시겠습니까?
国際電話の オペレーターを 呼んで いただけますか。
콕사이뎅와노 오빠레-따-오 욘데 이따다께마스까

 Point 2   유용하게 쓸 수 있는 표현

☐ 어떻게 하면 이 호텔에서 외선으로 연결됩니까?
どう すれば この ホテルから 外線へ つながりますか。
도- 스레바 코노 호떼루까라 가이셍에 쯔나가리마스까

☐ 시내전화입니까?
市内電話ですか。
시나이뎅와데스까

☐ 장거리전화입니다.
長距離電話です。
쪼-꾜리뎅와데스

☐ 1을 돌리고 신호음이 들리면 시외국번과 전화번호를 돌리세요.

1を ダイアル して 受信音がしたら、市外局番 と 電話番号を ダイアル して ください。

이치오 다이아루씨떼 쥬싱옹가 시따라 시가이꾜꾸반또 뎅와방고-오 다이아루 시떼 쿠다사이

☐ 국제전화인 경우에는 어떻게 하면 됩니까?

国際電話の 場合は どう すれば いいですか。

콕사이뎅와노 바아이와 도- 스레바 이-데스까

☐ 001을 돌리고나서 국가번호 시외국번과 전화번호를 돌리세요.

001を ダイアルして、それから 国の番号、市外 局番と 電話番号を ダイアル して ください。

제로제로이찌오 다이아루시떼 소레까라 쿠니노 방고- 시가이꾜꾸반또 뎅와방고-오 다 리아루시떼 쿠다사이

☐ 이 근처에 국제 다이얼통화를 할 수 있는 공중전화는 없습니까?

この へんに 国際ダイヤル通話の できる 公衆電話は ありませんか。

코노 헨니 콕사이 다이아루 쯔-와노 데끼루 코-슈-뎅와 아리마셍까

☐ 이 전화의 사용법을 가르쳐 주시겠습니까?

この 電話の 使い方を 教えて いただけますか。

코노 뎅와노 쯔까이카따오 오시에떼 이따다께마스까

☐ 팩스를 보내고 싶은데요.

ファックスを 送りたいんですが。

확꾸스오 오꾸리따인데스가

☐ e메일을 확인해 봐야 하는데요.

E─メールを 見なければ なりません。

이-메-루오 미나께레바 나리마셍

통신

03 국제전화, 장거리 전화

■ Point 1   맞침 표현

> 🎤 서울에 전화하고 싶은데요.
> ソウルに 電話したいんですが。
> 소-루니 뎅와시따인데스가
>
> 🎤 ~씨를 지명전화로 부탁합니다.
> ~さんを 指名通話で お願いします。
> ~상오 시메-쯔-와데 오네가이시마스
>
> 🎤 375-4576입니다.
> 375-4576です。
> 산나나고 용고나나로꾸데스

Point 2   유용하게 쓸 수 있는 표현

☐ KDD 교환을 부르고 싶은데요.

KDDの オペレーターを 呼び出したいんですが。
케-디-디-노 오빠레-따-오 요비다시따인데스가

☐ 번호통화입니까, 지명통화입니까?

番号通話ですか、指名通話ですか。
방고-쯔-와데스까, 시메-쯔-와데스까

☐ 콜렉트콜로 걸고 싶은데요.

コレクトコールで かけたいんですが。
코레꾸또 코-루데 카께따인데스가

- [ ] 한국의 ~에게 수신자 부담으로 통화를 부탁합니다.

    韓国の ~に 受信人 払いで 通話を お願いします。

    캉꼬꾸노 ~니 쥬신닝 하라이데 쯔-와오 오네가이시마스

- [ ] 전화번호는 몇 번입니까?

    電話番号は 何番ですか。

    뎅와방고-와 남반데스까

- [ ] 직통 장거리 전화를 어떻게 겁니까?

    直通ダイヤルで 長距離電話は どのように かけますか。

    쪼꾸쯔-다이아루데 쪼-꾜리뎅와와 도노요-니 카께마스까

- [ ] 서울까지 지명통화는 1분에 얼마입니까?

    ソウルまで 指名通話だと、一分間 いくらですか。

    소-루마데 시메-쯔-와다또 입뿡깡 이꾸라데스까

- [ ] 한국으로의 전화요금이 가장 싼 시간은 언제입니까?

    韓国への 電話料金が いちばん 安い 時間は いつですか。

    캉꼬꾸에노 뎅와료-낑가 이찌방 야스이 지깡와 이쯔데스까

- [ ] 일단 끊고 기다려 주세요.

    いちおう 切って お待ち ください。

    이찌오- 킷떼 오마찌 쿠다사이

- [ ] 서울로의 통화는 얼마였습니까?

    ソウルへの 通話は おいくらでしたか。

    소-루에노 쯔-와와 오이꾸라데시따까

통신

04 부재중, 잘못 걸었을 때

■ Point 1 맞춤 표현

> ▲ 미안하지만 다나카는 출장 중이어서 월요일까지는 돌아오지 않습니다.
> **すみませんが、田中は 出張で 月曜日まで 戻りません。**
> 스미마셍가 타나까와 슛쪼-데 게쯔요-비마데 모도리마셍
>
> ▲ 스즈키는 지금 자리에 없습니다.
> **鈴木は ただ 今、席を はずして おります。**
> 스즈끼와 타다 이마 세끼오 하즈시떼 오리마스
>
> ▲ 나중에 전화하겠습니다.
> **のちほど 電話します。**
> 노찌호도 뎅와시마스

Point 2 유용하게 쓸 수 있는 표현

□ 기무라씨를 바꿔 주세요.
木村さんを かえて ください。
키무라상오 카에떼 쿠다사이

□ 그는 통화중입니다.
彼は 話し中です。
카레와 하나시쮸-데스

□ 지금 외출중입니다.
いま 外出中です。
이마 가이슛쯔쮸-데스

☐ 언제 돌아오십니까?

いつ 帰られますか。

이쯔 카에라레마스까

☐ 미안하지만 10분 후에 다시 걸어 주시겠습니까?

すみませんが、十分後に かけなおして くださいませんか。

스미마셍가 줍뿡고니 카께나오시떼 쿠다사이마셍까

☐ 전언을 부탁하고 싶은데요.

メッセージを お願いしたいのですが。

멧세-지오 오네가이시따이노데스가

☐ 237-9876번의 ~에게 전화해 달라고 전해 주세요.

237-9876番の ~まで 電話するように 伝えて ください。

니산나나 큐-하찌나나로꾸반노 ~마데 뎅와스루요-니 쯔따에떼 쿠다사이

☐ 나중에 다시 걸겠습니다.

あとで また かけます。

아또데 마따 카께마스

☐ 잘못 거셨습니다.

まちがい 電話です。

마찌가이 뎅와데스

☐ 몇 번에 거셨습니까?

何番に おかけですか。

남반니 오까께데스까

통신

05 우체국 (편지 부칠 때)

■ Point 1 맞춤 표현

> ↗ 이 편지를 한국으로 부치고 싶은데요.
> この 手紙を 韓国に 送りたいんですが。
> 코노 테가미오 캉꼬꾸니 오꾸리따인데스가
>
> ↗ 항공편입니까, 선편입니까?
> 航空便ですか、船便ですか。
> 코-꾸-빈데스까 후나빈데스까
>
> ↗ 100엔짜리 우표 5장 부탁합니다.
> 100円 切手 5枚 お願いします。
> 햐꾸엥 킷떼 고마이 오네가이시마스

Point 2 유용하게 쓸 수 있는 표현

□ 이 편지를 한국에 선편으로 부치고 싶은데요.
この 手紙を 韓国に 船便で 送りたいんですが。
코노 테가미오 캉꼬꾸니 후나빈데 오꾸리따인데스가

□ 엽서를 한국에 항공편으로 부치면 얼마가 됩니까?
韓国には がきを 航空便で 送ると いくらに なりますか。
캉꼬꾸니와 가끼오 코-꾸-빈데 오꾸루또 이꾸라니 나리마스까

□ 이것을 항공속달로 부탁합니다.
これを 航空速達で お願いします。
코레오 코-꾸-소꾸타쯔데 오네가이시마스

☐ 등기로 해 주십시오.

書留に して ください。

카끼또메니 시떼 쿠다사이

☐ 이 편지의 우편요금은 얼마입니까?

この 手紙の 郵便料金は いくらですか。

코노 테가미노 유-빈료-낑와 이꾸라데스까

☐ 도쿄 시의 이 주소의 우편번호는 몇 번입니까?

東京都の この 住所の 郵便番号は 何番ですか。

토-꾜-또노 코노 쥬-쇼노 유-빔방고-와 남반데스까

☐ 우편번호를 써 주세요.

郵便番号を 書いて ください。

유-빔방고-오 카이떼 쿠다사이

☐ 기념우표 있습니까?

記念切手が ありますか。

키넹 낏떼가 아리마스까

☐ 항공 봉함우편은 있습니까?

航空書簡は ありますか。

코-꾸-쇼깡와 아리마스까

☐ 접지 말아 주세요.

折り曲げないで ください。

오리마게나이데 쿠다사이

☐ 한국에 전보를 치고 싶은데요.

韓国に 電報を 打ちたいのですが。

캉꼬꾸니 뎀뽀-오 우찌따이노데스가

통신

06 우체국 (소포, 책 부칠 때)

Point 1 맞춤 표현

▼ 이 소포를 한국에 부치고 싶은데요.
この 小包を 韓国に 送りたいんですが。

코노 코츠쯔미오 캉꼬꾸니 오꾸리다인데스가

▼ 내용물은 무엇입니까?
中身は 何ですか。

나까미와 난데스까

▼ 깨지는 물건이니까 주의해서 다뤄 주세요.
壊れ物なので 注意して 扱って ください。

코와레모노나노데 쮸-이시떼 아쯔깟떼 쿠다사이

Point 2 요용하게 쓸 수 있는 표현

□ 항공편으로는 얼마가 듭니까?

航空便では いくら かかりますか。
코-꾸-빈데와 이꾸라 카까리마스까

□ 선편으로는 얼마나 걸립니까?

船便では どれくらいの 期間が かかりますか。
후나빈데와 도레꾸라이노 키깡가 카까리마스까

□ 소포의 최대 허용중량은 어떻게 됩니까?

小包の 最大 重量は どれくらいですか。
코츠쯔미노 사이다이 쥬-료-와 도레꾸라이데스까

☐ 선편으로 부탁합니다.

船便で お願いします。

후나빈데 오네가이시마스

☐ 이 소포를 착불로 보내 주세요.

この 小包を 料金 着払いで 送って ください。

코노 코츠쯔미오 료-낑 차꾸바라이데 오꿋떼 쿠다사이

☐ 이것을 제일 빠른 방법으로 한국에 보내 주시겠습니까?

これを 一番 はやい方法で 韓国へ 送って いただけますか。

코레오 이찌방 하야이 호-호-데 캉꼬꾸에 오꿋데 이따다께마스까

☐ 내용물은 전부 책입니다.

中身は 全部 本です。

나까미와 젬부 홍데스

☐ 보험에 들고 싶은데요.

保険を かけたいんですが。

호껭오 카께따인데스가

☐ 거꾸로 하지 말아 주시겠어요?

逆に しないで いただけますか。

사까사니 시나이데 이따다께마스까

☐ 여행자 수표로 지불할 수 있습니까?

トラベラーズチェックで 支払えますか。

토라베라-즈 첵꾸데 시하라에마스까

유용하게 쓸 수 있는 단어

☐	공중전화	公衆電話	코-슈-뎅와
☐	전화부스	電話ボックス	뎅와복꾸스
☐	전화번호	電話番号	뎅와방고-
☐	전화번호부	電話帳	뎅와쪼-
☐	수화기	受話器	주와끼
☐	다이얼	ダイアル	다이아루
☐	내선	内線	나이셍
☐	콜렉트콜	コレクトコール	코레꾸또코-루
☐	국제전화	国際電話	콕사이뎅와
☐	우체통	郵便ポスト	유-빔뽀스또
☐	우편요금	郵便料金	유-빔료-낑
☐	항공편	航空便	코-꾸-빙
☐	선편	船便	후나빙
☐	속달	速達	소꾸따쯔
☐	등기우편	書留郵便	카끼도메유-빙
☐	소포	小包	코츠쯔미
☐	봉투	封筒	후-또-
☐	주소	宛先	아떼사끼
☐	발신인	発信人	하씬닝
☐	수신인	受信人	쥬-신닝
☐	엽서	はがき	하가끼
☐	항공봉함우편	航空書簡	코-꾸-쇼깡
☐	우표	郵便切手	유-빙킷떼
☐	기념우표	記念切手	키넹킷떼
☐	편지지	便箋	빈셍
☐	인쇄물	印刷物	인사쯔부쯔

SCENE 04

교통수단

Contents

초간단 필수 표현과 여행정보
1. 교통수단을 물을 때
2. 택시
3. 시내버스
4. 지하철
5. 장거리 대중교통
   (시각표, 요금을 물을 때)
6. 비행기
7. 열차
8. 렌터카

유용하게 쓸 수 있는 단어

초간단 필수 표현과 여행정보

● ~은 어디입니까?

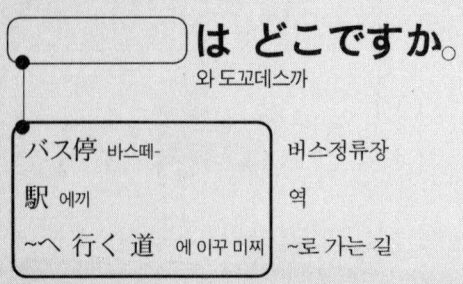

は どこですか。
와 도꼬데스까

バス停 바스떼-　　　버스정류장
駅 에끼　　　역
~へ 行く 道 에 이꾸 미찌　　　~로 가는 길

여행 정보

◆ 일본의 교통수단

세계에서 교통비가 가장 비싼 편이지만 편리하고 신속 정확하기로도 유명합니다. 각 도시간은 대부분 JR열차로 편리하게 이동할 수 있고 시내버스, 전차 등도 정해진 시간에 정확하게 다닙니다. 택시도 언제라도 편하게 이용할 수가 있으므로 교통에 대한 불편함은 거의 없습니다.

▶ 열차

일본의 열차는 특실과 금연석, 자유석(自由席), 지정석(指定席)으로 구분이 되어 있습니다. 지정석은 앉을 좌석이 정해져 있는 자리이고, 자유석은 먼저 앉는 사람이 임자입니다. 자유석은 언제든지 바로 탈 수 있지만 지정석은 역 안의 표 파는 곳이나 여행사에서 원하는 시간대의 지정석 표를 받으면 됩니다.

▶ 도쿄 지하철

도쿄 시내의 지하철은 민영지하철 8개 노선과 시에서 운영하는 지하철 4개노선 총 12개 노선이 도심의 전철과 연결되어 있습니다. 민영지하철은 지하철표 한 장으로 다른 노선을 갈아탈 수 있으나 시에서 운영하는 지하철은 추가 요금을 내야 합니다. 요금은 거리에 따라 다릅니다.

민영지하철...긴자센(銀座線:오렌지색), 지요다센(千代田線: 녹색), 마루노우치센(丸ノ內線: 빨강), 도자이센(東西線: 연청색), 히비야센(日比谷線: 은색), 유라쿠초센(有樂町線: 노랑색), 한조몬센(半藏門線: 보라색), 난보쿠센(南北線: 엷은녹색)

도영지하철...도에이 아사쿠사센, 도에이 신주쿠센, 도에이 미타센

~열차는 몇 시에 있습니까?

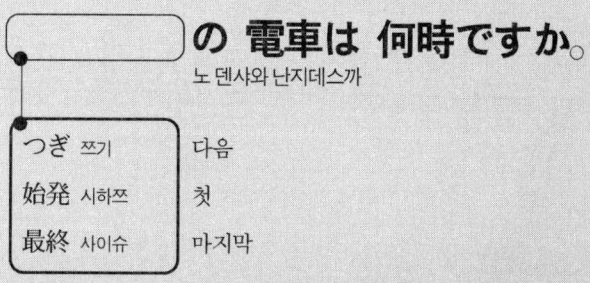

◯ の 電車は 何時ですか。
노 덴샤와 난지데스까

つぎ 쯔기	다음
始発 시하쯔	첫
最終 사이슈	마지막

지하철 타는법
자동판매기 위의 지하철 노선 표시판에 현재 위치와 지하철역 요금이 적혀 있습니다. 요금을 자동판매기에 넣으면 금액의 숫자표에 불이 들어오고 그곳을 누르면 표가 나옵니다. 민영지하철에서 도영지하철로 갈아타게 되는 경우에는 각각 별도의 기본요금을 내도록 되어 있습니다.

▶ **택시**
기본 요금이 지역마다 다르며 다소 비싼 편이지만 버스 기본요금이 2백엔 정도이므로 서너명이 단거리를 이동할 때는 오히려 경제적입니다. 일본의 택시는 합승이 없고 탑승시간을 기준으로 미터기에 나온 금액만 지불하면 됩니다.

▶ **시내버스**
기본 요금은 160~180엔에 일정 구간마다 10~20엔씩 올라갑니다. 뒷문으로 타면서 뒷문 입구에서 정리권(整理券 : 승차한 구역을 나타내는 번호가 적혀져 있음)을 뽑아 내릴 때 운전석 머리 위에 표시된 금액(승차한 구역의 번호와 요금이 적혀 있음)만큼 정리권과 함께 요금통에 넣으면 됩니다.

▶ **관광버스**
일본어 안내원이 동행하여 그 지역 유명 관광지를 순환하는 정기 관광버스가 있습니다. 대부분 기차역 주변에서 출발하여 3시간, 반나절, 하루코스 등이 있으며 요금은 스스로 찾아다닐 때보다 2배 정도 비쌉니다.

교통수단

01 교통수단을 물을 때

■ Point 1   맞춤 표현

▼ 시내버스 노선도 없습니까?
市内の バスの 路線図は ありませんか。
시나이노 바스 로센즈와 아리마셍까

▼ 신주쿠역으로 가는 가장 좋은 방법은 무엇입니까?
新宿駅に 行くのに いちばん いい 方法は 何ですか。
신쥬꾸에끼니 이꾸노니 이찌방 이- 호-호-와 난데스까

▼ 우에노역에는 버스로 갈 수 있습니까?
上野駅には バスで 行けますか。
우에노에끼니와 바스데 이께마스까

 Point 2   유용하게 쓸 수 있는 표현

□ 가장 가까운 열차(지하철)역은 어디입니까?

最奇りの 電車(地下鉄)の 駅は どこですか。
모요리노 덴샤(찌까떼쯔)노 에끼와 도꼬데스까

□ 택시(버스) 타는곳은 어디입니까?

タクシー(バス)乗り場は どこですか。
타꾸시-(바스) 노리바와 도꼬데스까

□ 배(페리)는 어디에서 탑니까?

船(フェリー)に 乗るのは どこですか。
후네(훼리-)니 노루노와 도꼬데스까

☐ 렌트카(자전거)는 어디에서 빌릴 수 있습니까?

レンタカー(自転車)は どこで 借りられますか。

렌따까-(지뗀샤)와 도꼬데 카리라레마스까

☐ 5번 버스를 타세요.

5番の バスに 乗って ください。

고반노 바스니 놋떼 쿠다사이

☐ 열차로 갈 수 있습니다.

電車で 行けます。

덴샤데 이께마스

☐ 택시로 가는 게 좋겠어요.

タクシーで 行った ほうが いいでしょう。

타꾸시-데 잇따 호-가 이-데쇼-

☐ 한국어 지도(시각표) 있습니까?

韓国語の 地図(時刻表)が ありますか。

캉꼬꾸노 치즈(지꼬꾸효-)가 아리마스까

☐ 타기 전에 표를 사야 합니다.

乗る 前に 切符を 買わなければ なりません。

노루마에니 킵뿌오 카와나께레바 나리마셍

☐ ~에는 공공교통기관으로 쉽게 갈 수 있습니까?

~へは 公共の 交通機関で 簡単に 行けますか。

~에와 코-꾜-노 코-쯔-끼깐데 칸딴니 이께마스까

교통수단

02 택시

▢ Point 1 　맞춤 표현

> ▸ 택시는 어디서 탈 수 있습니까?
> **タクシーは どこで 乗れますか。**
> 타꾸시와 도꼬데 노레마스까
>
> ▸ 우에노 공원까지 부탁합니다.
> **上野公園まで お願いします。**
> 우에노코-엔마데 오네가이시마스
>
> ▸ 저기서 내려 주십시오.
> **そこで 降ろして ください。**
> 소꼬데 오로시떼 쿠다사이

Point 2　유용하게 쓸 수 있는 표현

▢ 이 근처에 택시 정류장이 있습니까?

この へんに タクシースタンドが ありますか。
코노 헨니 타꾸시-스딴도가 아리마스까

▢ 택시를 불러 주시겠습니까?

タクシーを 呼んで いただけますか。
타꾸시-오 욘데 이따다께마스까

▢ 도쿄역까지 얼마 정도 되겠습니까?

東京駅まで いくら ぐらいですか。
토-꾜에끼마데 이꾸라 구라이데스까

- [ ] 도쿄 타워까지 시간이 얼마나 걸립니까?

東京タワーまで どれくらい 時間が かかりますか。

토-꾜-타와-마데 도레쿠라이 지깡가 카까리마스까

- [ ] 공항에 8시까지 갈 수 있습니까?

空港に 8時までに 行けますか。

쿠-꼬-니 하찌지마데니 이께마스까

- [ ] 롭뽕기 방면으로 부탁합니다.

六本木 方面、お願いします。

롭뽕기호-멩 오네가이 시마스

- [ ] 다음 교차로에서 오른쪽으로 가 주십시오.

次の 交差点で 右に まがって ください。

츠기노 코-사뗀데 미기니 마갓떼 쿠다사이

- [ ] 저 빨간 건물 앞에서 세워 주십시오.

あの 赤い ビルの 前で 止めて ください。

아노 아까이 비루노 마에데 토메떼 쿠다사이

- [ ] 여기에 세워 주세요.

ここで 止めて ください。

코꼬데 토메떼 쿠다사이

- [ ] 요금은 얼마입니까?

料金は、いくらですか。

료-낑와 이꾸라데스까

03 시내버스

교통수단

■ Point 1 맞춤 표현

■ 히비야 공원에 가려면 어느 버스를 타면 좋습니까?
日比谷公園に 行くには どの バスに 乗れば いいでしょうか。
히비야코-엔니 이꾸니와 도노 바스니 노레바 이-데쇼-까

■ 어디서 버스를 탈 수 있습니까?
どこで バスに 乗れますか。
도꼬데 바스니 노레마스까

■ 다음 버스 정류장에서 내리겠습니다.
次の バス停で 降ります。
쯔기노 바스떼-데 오리마스

Point 2 유용하게 쓸 수 있는 표현

□ 이 버스는 ~에 갑니까?
この バスは ~に いきますか。
코노 바스와 ~니 이끼마스까

□ 긴자 가는 버스는 몇 번입니까?
金座行きの バスは 何番ですか。
긴자유끼노 바스와 남반데스까

□ 히비야 공원에 가려면 어디서 버스를 갈아 타야 합니까?
日比谷公園に 行くには どこで バスを 乗り換えますか。
히비야 코-엔니 이꾸니와 도꼬데 바스오 노리까에마스까

☐ 신주쿠역까지는 시간이 얼마나 걸립니까?

新宿駅までは どれくらい 時間が かかりますか。

신쥬꾸에끼마데와 도레꾸라이 지깡가 카까리마스까

☐ 다음 버스는 언제 옵니까?

次の バスは いつ 来ますか。

쯔기노 바스와 이쯔 키마스까

☐ 다음(마지막) 버스는 몇 시입니까?

次(最終)の バスは 何時ですか。

쯔기(사이슈-)노 바스와 난지데스까

☐ 요금은 어디에 넣으면 됩니까?

料金は どこに 入れれば いいのですか。

료-낑와 도꼬니 이레레바 이-노데스까

☐ 버스 노선 지도를 주시겠습니까?

バスの 路線地図を いただけますか。

바스노 로센찌즈오 이따다께마스까

☐ 공원으로 가려면 어디에서 내리면 됩니까?

公園へ 行くのに どこで 下りたら いいですか。

코-엥에 이꾸노니 도꼬데 오리따라 이-데스까

☐ ~에 도착하면 가르쳐 주시겠습니까?

~に 着いたら 教えて いただけますか。

~니 쯔이따라 오시에떼 이따다께마스까

> 교통수단
04 지하철

■ Point 1 맞춤 표현

✈ 가장 가까운 지하철역은 어디입니까?
いちばん 近い 地下鉄の 駅は どこですか。
이찌방 찌까이 찌까떼쯔노 에끼와 도꼬데스까

✈ 우에노 공원에 가려면 어느 열차를 타면 됩니까?
上野公園に 行くには どの 列車に 乗れば いいですか。
우에노코-엔니 이꾸니와 도노 렛샤니 노레바 이-데스까

✈ 시부야에 가려면 어느 역에서 내리는 것이 좋습니까?
渋谷に 行くには どこの 駅で 降りるのが いいですか。
시부야니 이꾸니와 도꼬노 에끼데 오리루노가 이-데스까

Point 2 요용하게 쓸 수 있는 표현

☐ 표 파는 곳은 어디입니까?

チケットの 売り場は どこですか。
치켓또노 우리바와 도꼬데스까

☐ 저기의 자동판매기에서 표를 살 수 있습니다.

切符は あそこの 自動販売機で 買えます。
킵뿌와 아소꼬노 지도-함바이끼데 카에마스

☐ 지하철 노선도는 있습니까?

地下鉄の 路線図は ありますか。
치까떼쯔노 로센즈와 아리마스까

- [ ] 지도에서 롭뽕기라고 하는 한자를 가리켜 주십시오.

  地図で 六本木と いう 漢字を 指して ください。

  치즈데 롭뽕기또 이우 칸지오 사시떼 쿠다사이

- [ ] 긴자에는 어떻게 갑니까?

  銀座へは どう 行きますか。

  긴자에와 도-이끼마스까

- [ ] 긴자역에 가려면 어느 선이 제일 빠릅니까?

  銀座駅へ 行くには どの 線が 一番 早いのですか。

  긴자에끼에 이꾸니와 도노센가 이찌방 하야이노데스까

- [ ] 긴자선 홈은 어느 쪽입니까?

  銀座線の ホームは どちらですか。

  긴자센노 호-무와 도찌라데스까

- [ ] 동문(서문/북문/남문)은 어디입니까?

  東口(西口/北口/南口)は どこですか。

  히가시구찌(니시구찌/기따구찌/미나미구찌)와 도꼬데스까

- [ ] 미쯔꼬시 백화점은 어느 출구입니까?

  三越デパートは どの 出口ですか。

  미쯔꼬시 데빠-또와 도노 데구찌데스까

- [ ] 지상으로 나가려고 하는데요.

  地上へ 出たいんですが。

  찌죠-에 데따인데스가

교통수단

05 장거리 대중교통(시각표, 요금을 물을 때)

■ Point 1 맞춤 표현

> 도쿄에서 교토까지의 열차 정보를 알고 싶은데요.
> 東京から 京都までの 列車の ことを 教えて いただきたいんですが。
> 토-꾜-까라 쿄-또마데노 렛샤노 코또오 오시에떼 이따다끼따인데스가

> 오사카까지 가는 열차 표는 어디에서 살 수 있습니까?
> 大阪まで 行く 汽車の 切符は どこで 買えますか。
> 오-사까마데 이꾸 키샤노 킵뿌와 도꼬데 카에마스까

> 시각표와 요금을 가르쳐 주시겠습니까?
> スケジュールと 料金を 教えて いただけますか。
> 스께쥬-루또 료-낑오 오시에떼 이따다께마스까

Point 2 유용하게 쓸 수 있는 표현

□ 도쿄에서 교토까지의 버스에 대해 묻고 싶은데요.

東京から 京都までの バスに ついて たずねたいんですが。
토-꾜-까라 쿄-또마데노 바스니 쯔이떼 타즈네따인데스가

□ 교토까지 편도 1장 주세요.

京都まで 片道 1枚 ください。
쿄-또마데 카따미찌 이찌마이 쿠다사이

□ 급행요금은 얼마입니까?

急行料金は いくらですか。
큐-꼬-료-낑와 이꾸라데스까

- [ ] 아오모리에서 도쿄까지의 열차 시각은 어떻게 되어 있습니까?

   青森から 東京の 列車の スケジュールは どの
   ように なって いますか。
   아오모리까라 토-꾜-노 렛샤노 스께쥬-루와 도노요-니 낫떼 이마스까

- [ ] 히카리호의 승차권을 전화로 예약할 수 있습니까?

   ひかり号の 切符を 電話で 予約できますか。
   히까리고-노 킵뿌오 뎅와데 요야꾸 데끼마스까

- [ ] 도중하차는 가능합니까?

   途中下車は できますか。
   토쮸-케샤와 데끼마스까

- [ ] 나라까지 가는 고속버스는 몇 시에 출발합니까?

   奈良まで 行く ハイウエーバスは 何時に 出発しますか。
   나라마데 이꾸 하이웨-바스와 난지니 슙빠쯔시마스까

- [ ] 가능하다면 다음 수요일 오후에 떠나겠습니다.

   もし 可能なら、次の 水曜日の 午後に 発ちます。
   모시 카노-나라 쯔기노 스이요-비노 고고니 타찌마스

- [ ] 몇 번 홈에서 출발합니까?

   何番 ホームから 出ますか。
   남반 호-무까라 데마스까

- [ ] 여기에서는 몇 분간 쉽니까?

   ここでは 何分間 やすみますか。
   코꼬데와 남붕깡 야스미마스까

교통수단

06 비행기

▢ Point 1   맞춤 표현

- 4월 1일 오전, 도쿄에서 사이판까지의 비행편을 예약하고 싶은데요.
  4月1日の 朝の 東京から サイパンの 飛行機の 予約を したいんですが。

  시가쯔 쯔이따찌노 아사노 토-꾜-까라 사이빤노 히꼬-끼노 요야꾸오 시따인데스가

- 2시 10분 비행편을 부탁합니다.
  2時10分の 飛行機を お願いします。

  니지 줍뿐노 히꼬-끼오 오네가이시마스

- 내 비행편 예약을 재확인하고 싶은데요.
  私の 飛行機の 再確認を したいんですが。

  와따시노 히꼬-끼노 사이까꾸닝오 시따인데스가

Point 2   유용하게 쓸 수 있는 표현

- 표 파는곳(하물 찾는 곳)은 어디입니까?

  切符売り場(荷物引き渡し所)は どこですか。

  킵뿌우리바(니모쯔 히끼와따시죠)와 도꼬데스까

- 오늘(내일) 센다이행 편 있습니까?

  今日(明日) 仙台行きの 便が ありますか。

  쿄- (아시따) 센다이유끼노 빙가 아리마스까

- 운임은 얼마입니까?

  運賃は いくらですか。

  운찡와 이꾸라데스까

☐ 비즈니스 클래스(일반석)으로 부탁합니다.

ビジネスクラス(エコノミークラス) お願いします。
비지네스쿠라스(에꼬노미-쿠라스) 오네가이시마스

☐ 창문(통로)쪽 자리를 부탁합니다.

窓(通路)側の 席 お願いします。
마도(쯔-로)가와노 세끼 오네가이시마스

☐ 도착(출발) 시간은 몇 시입니까?

到着(出発)時間は 何時ですか。
토-쨔꾸(슙빠쯔) 지깡와 난지데스까

☐ 탑승구는 몇 번입니까?

搭乗口は 何番ですか。
토-죠-구찌와 남반데스까

☐ 예약을 변경(취소)하고 싶은데요.

予約を 変更(取消) したいんですが。
요야꾸오 헹꼬-(토리께) 시따인데스가

☐ 몇 편입니까?

何便ですか。
남빈데스까

☐ 어느 편에 탑승하십니까?

どの 便に ご搭乗ですか。
도노 빈니 고토-죠-데스까

☐ 15일의 21편입니다.

15日の 21便です。
쥬-고니찌노 니쥬-이찌빈데스

교통수단

07 열차

Point 1 맞춤 표현

▸ 안내소(표 파는 곳)는 어디입니까?
案内所(切符売り場)は どこですか。
안나이죠(킵뿌우리바)와 도꼬데스까

▸ 1등석(자유석) 한 장 주십시오.
グリーン(自由)席 一枚 ください。
구리인(지유-)세끼 이찌마이 쿠다사이

▸ 2시 10분 열차의 좌석을 부탁합니다.
2時10分の 座席を お願いします。
니지 줍뽕노 자세끼오 오네가이시마스

 Point 2 유용하게 쓸 수 있는 표현

☐ 5번선 플랫폼(당일표 판매 창구)은 어디입니까?

五番線の ホーム(当日 売りの 窓口)は どこですか。
고반센노 호-무(토-지쯔 우리노 마도구찌)와 도꼬데스까

☐ 도쿄까지 가장 빠른(싼) 것은 무엇입니까?

東京まで 一番 早い(安い)のは 何ですか。
토-꾜-마데 이찌방 하야이(야스이)노와 난데스까

☐ 아사쿠사까지 얼마입니까?

浅草まで いくらですか。
아사꾸사마데 이꾸라데스까

□ 오사카까지 편도(왕복) 1장 주세요.

大阪まで 片道(往復) 一枚 ください。

오-사까마데 카따미찌(오-후꾸) 이찌마이 쿠다사이

□ 다음 교토행은 몇 시입니까?

次の 京都行きは 何時ですか。

쯔기노 쿄-또유끼와 난지데스까

□ 고베행 막차(첫차)는 몇 시입니까?

神戸行きの 最終(始発)は 何時ですか。

코-베유끼노 사이슈-(시하쯔)와 난지데스까

□ 침대차(금연차)가 좋겠는데요.

寝台車(禁煙車)が いいんですが。

신다이샤(킹엥샤)가 이인데스가

□ 이 자리 비어 있습니까?

この 席 空いてますか。

코노 세끼 아이떼 마스까

□ 다음(이) 역은 어디입니까?

次(こ)の 駅は どこですか。

쯔기(코)노 에끼와 도꼬데스까

□ 도쿄역에 도착하면 가르쳐 주세요.

東京駅へ 着いたら 教えて ください。

토-꾜-에끼에 쯔이따라 오시에떼 쿠다사이

교통수단

🚗 렌터카

■ Point 1　맞춤 표현

🔶 렌터카는 어디에서 빌릴 수 있습니까?
レンタカーは どこで 借りる ことが できますか。
렌따까-와 도꼬데 카리루 코또가 데끼마스까

🔶 렌터카를 빌리고 싶습니다.
レンタカーを 借りたいのですが。
렌따까-오 카리따이노데스가

🔶 소형차(4륜구동차)를 부탁합니다.
小型車(4輪駆動車)を お願いします。
고카따샤(시린쿠도-샤)오 오네가이시마스

 Point 2　유용하게 쓸 수 있는 표현

☐ 요금표를 보여 주시겠습니까?

料金表を 見せて くれませんか。
료-낑효-오 미세떼 쿠레마셍까

☐ 보험료는 포함되어 있습니까?

保険料込みですか。
호껜료- 코미데스까

☐ 하루(일주일) 얼마입니까?

一日(一週間) いくらですか。
이찌니찌(잇슈-깡) 이꾸라데스까

☐ 오토매틱 차를 부탁합니다.

オートマチックの車を お願いします。
오-또마찍꾸노 쿠루마오 오네가이시마스

☐ 몇 시까지 차를 반환해야 합니까?

何時までに 車を 返さなければ なりませんか。
난지마데니 쿠루마오 카에사나께레바 나리마셍까

☐ 교토에서 차를 반환해도 됩니까?

京都で 車を 返しても いいですか。
쿄-또데 쿠루마오 카에시떼모 이-데스까

☐ 연료비는 별도로 지불합니까?

ガソリン代は 別に 払うのですか。
가소린 다이와 베쯔니 하라우노데스까

☐ 오일을 점검해 주세요.

オイルの 点検を お願いします。
오이루노 텡껭오 오네가이시마스

☐ 가득 채워 주세요.

満タンに して ください。
만땅니 시떼 쿠다사이

☐ 다음 주유소는 어디 입니까?

つぎの ガソリンスタンドは どこですか。
쯔기노 가소린스딴도와 도꼬데스까

유용하게 쓸 수 있는 단어

☐	도로지도	道路地図	도-로찌즈
☐	택시 타는곳	タクシー乗り場	타꾸시-노리바
☐	버스 타는곳	バス停	바스떼-
☐	지하철역	地下鉄駅	치까데쯔에끼
☐	역	駅	에끼
☐	갈아타는곳	乗換口	노리까에구찌
☐	표파는곳	きっぷ売場	킵뿌우리바
☐	예약창구	予約窓口	요야꾸마도구찌
☐	1등석(2등석)	グリーン席(2等席)	구린-세끼(니또-세끼)
☐	지정석	指定席	시떼이세끼
☐	편도표	片道切符	카따미찌킵뿌
☐	왕복표	往復切符	오-후꾸킵뿌
☐	사거리	交差点	코-사뗑
☐	횡단보도	横断歩道	오-당호도-
☐	오른쪽(왼쪽)	右側(左側)	미기가와(히다리가와)
☐	맞은편	向こう側	무꼬-가와
☐	동(서/남/북)쪽	東(西/南/北)	히가시(니시/미나미/키따)
☐	입구(출구)	入口(出口)	이리구찌(데구찌)
☐	버스터미널	バスターミナル	바스타-미나루
☐	보통열차	普通列車	후쯔-렛샤
☐	급행열차	急行列車	큐-꼬-렛샤
☐	특급열차	特急列車	톡뀨-렛샤
☐	시각표	時刻表	지꼬꾸효-
☐	분실물취급소	遺失物取扱所	이시쯔부쯔 토리아쯔까이쇼
☐	수하물임시보관소	手荷物一時預り所	데니모쯔 이찌지 아즈까리쇼
☐	포터	赤帽	아까보-

SCENE 05

식사

Contents

초간단 필수 표현과 여행정보
1. 레스토랑(예약)
2. 주문할 때
3. 주문이 잘못되었을 때
4. 식사중에, 디저트 주문
5. 계산
6. 패스트푸드점에서
7. 커피숍, 바에서

유용하게 쓸 수 있는 단어

초간단 필수 표현과 여행정보

● 이 근처에 ~는 있습니까?

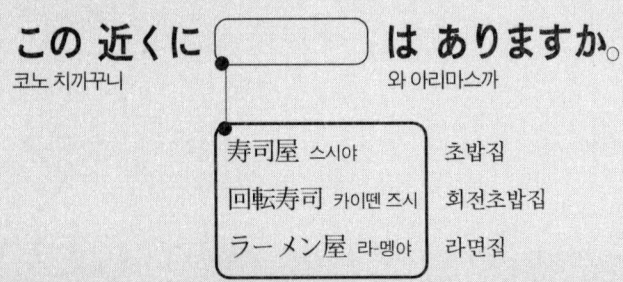

この 近くに [　　　] は ありますか。
코노 치까꾸니　　　　　　　　　　와 아리마스까

寿司屋 스시야	초밥집
回転寿司 카이뗀 즈시	회전초밥집
ラーメン屋 라-멩야	라면집

여행 정보

◆ **일본의 음식**

도쿄에는 전세계의 각종 음식점과 호텔들이 고급 음식과 세계 일류 수준의 서비스를 제공하고 있고 거리 양쪽엔 간이음식점과 고급 커피숍이 줄지어 늘어서 있습니다. 따라서 다양한 음식점이 많기 때문에 음식점을 찾아 헤매는 일은 거의 없을 것입니다. 그냥 길가는 행인들에게 음식점 위치를 물어봐도 친절하게 가르쳐 줍니다. 전통적인 일본식은 젓가락만 사용하며 스푼을 사용하지 않습니다. 국 종류는 그릇을 들고 그대로 입에 대고 마시며 밥도 밥그릇을 들고 먹습니다. 일반적으로 총 소비액의 5%를 부가비용으로 지불하지만 부가비용을 받지 않는 곳도 있습니다. 그러나 큰 식당이나 고급음식점에 가면 10%~15%의 서비스 비용을 지불해야 합니다. 대부분의 음식점 영업시간은 오전 11시~밤10시.

▶ **주문**
대부분 식당에는 영문 메뉴가 있어 주문하기는 어렵지 않고 일본어 메뉴만 있어 알아보지 못하더라도 종업원을 불러 함께 메뉴박스에 가서 직접 견본을 보고 주문할 수도 있습니다.

▶ **초밥**
도쿄는 '스시' 미식가들의 천국이라 할 수 있습니다. 유명한 '스시' 음식점 내에서는 메뉴에 그 가격을 표기하지 않지만 일부 백화점 내의 '스시' 코너에 가면 값싸고 맛있는 스시를 구입할 수 있습니다. 세계 각지에 회전식 '스시' 음식점이 있지만 본고장 도쿄에 있는 것이야 말로 최고의 맛을 자랑합니다.

● ~을 부탁합니다.

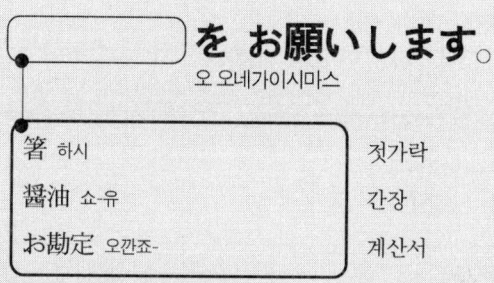
を お願いします。
오 오네가이시마스

箸 하시 — 젓가락
醬油 쇼-유 — 간장
お勘定 오깐죠- — 계산서

▶ 패스트 푸드
커피숍에서 '조식 서비스'라는 이름으로 전형적인 서양음식을 제공하는데 보통 바켓트 하나, 계란 후라이와 샐러드 정도입니다. 저녁이면 샐러리맨들로 붐비는 일식술집(이자까야)에서도 저렴한 식사를 제공합니다. 점심시간은 12시~1시이고 식당의 런치서비스는 대부분 11시반~2시인데 메뉴는 주로 밥, 미소시루(장국), 야끼자까나(구운 생선), 야끼니꾸(불고기) 입니다.

▶ 술집
도쿄에는 다양한 분위기의 술집들이 수 없이 많습니다. 저녁에 이자까야에 가면 샐러리맨들로 가득 찬 모습을 볼 수 있고 7~8월에 대형 백화점이나 큰식당에서는 건물 옥상에 한 여름의 더위를 잊을 수 있는 '맥주화원'을 만들어 한밤에 냉동한 맥주를 즐기기도 합니다.

▶ 주류
맥주, 와인과 위스키를 흔히 볼 수 있고 일본술로는 입쌀을 원료로 빚어 알콜 도수는 낮은 감주와 청주 그리고 쌀과 밀을 원료로 빚은 도수가 높은 소주가 있습니다. 일본에는 술을 차게, 뜨겁게, 따뜻하게 마시는 3종의 음주 문화가 있습니다. 그중 소주는 색다른 음주 방식이 있습니다. 예를 들면 그냥 마실 수도 있고 얼음 혹은 뜨거운 물을 섞어 마실 수도 있으며 우롱차나 소다수를 섞어서 마실수도 있습니다.

식사

01 레스토랑(예약)

■ Point 1 맞춤 표현

■ 오늘 밤 7시쯤에 저녁식사를 예약하려는데요.
今夜 7時ごろに 夕食の予約を お願いしたいんですが。
콩야 시찌지고로니 유-쇼꾸노 요야꾸오 오네가이시따인데스가

■ 흡연석을 부탁합니다.
喫煙席を お願いします。
키쯔엔세끼오 오네가이시마스

■ ~입니다만, 오늘 밤 7시 예약을 취소하고 싶은데요.
~ですが、今夜 7時の予約を 取り消したいのですが。
~데스가 콩야 시찌지노 요야꾸오 토리께시따이노데스가

Point 2 유용하게 쓸 수 있는 표현

☐ 근처에 레스토랑이 있습니까?
近くに レストランが ありますか。
찌까꾸니 레스또랑가 아리마스까

☐ 싼(고급) 레스토랑을 가르쳐 주십시오.
安い(高級) レストランを 教えて ください。
야스이(코-뀨-) 레스또랑오 오시에떼 쿠다사이

☐ 좋은 바(초밥집)를 가르쳐 주십시오.
いい バー(寿司屋)を 教えて ください。
이- 바-(스시야)오 오시에떼 쿠다사이

☐ 저녁식사는 예약이 필요합니까?

夕食は 予約が 必要でしょうか。
유-쇼꾸와 요야꾸가 히쯔요-데쇼-까

☐ 오늘 저녁 4인석을 예약하고 싶습니다.

今晩、四人の テーブルを 予約したいのですが。
콤방 요닌노 테-부루오 요야꾸시따이노데스가

☐ 오늘 밤 6시에 3인석을 예약하려는데요.

今夜 6時に 3人 予約したいんですが。
콩야 로꾸지니 산닝 요야꾸시따인데스가

☐ 내일 오후 4시에 예약을 하고 싶습니다.

明日 午後 四時に 予約したいのですが。
아시따 고고 요지니 요야꾸시따이노데스가

☐ 가능하면 창 근처의 좌석이 좋겠는데요.

できれば 窓の 近くの テーブルが いいのですが。
데끼레바 마도노 치까꾸노 테-부루가 이-노데스가

☐ 해안(야경)이 보이는 좌석에 앉고 싶습니다.

海岸(夜景)の 見える 席に 座りたいのですが。
카이간(야께이)노 미에루 세끼니 스와리따이노데스가

☐ 언제 자리가 납니까?

いつ テーブルが 空きますか。
이쯔 테-부루가 아끼마스까

식사

02 주문할 때

■ Point 1 　맞춤 표현

▲ 저, 주문받으세요.
すみません。注文を 取って ください。

스미마셍, 츄-몽오 톳떼 쿠다사이

▲ 오늘의 추천 요리는 무엇입니까?
今日の おすすめは 何ですか。

쿄-노 오스스메와 난데스까

▲ 뭐가 빨리 됩니까?
何が 早く できますか。

나니가 하야꾸 데끼마스까

Point 2　유용하게 쓸 수 있는 표현

☐ 주문하시기 전에 음료를 좀 드시겠습니까?

ご注文の 前に 何か お飲物を 召しあがりますか。

고츄-몬노 마에니 나니까 오노미모노오 메시아가리마스까

☐ 맥주를 부탁합니다.

ビールを お願いします。

비-루오 오네가이시마스

☐ 메뉴 좀 부탁합니다.

メニュー お願いします。

메뉴- 오네가이시마스

- [ ] 이것은 무슨 요리입니까?

    これは どんな 料理ですか。

    코레와 돈나 료-리데스까

- [ ] 오래 걸립니까?

    長く かかりますか。

    나가꾸 카까리마스까

- [ ] 맵습(답)니까?

    辛い(甘い)ですか。

    카라이(아마이)데스까

- [ ] 이것을 주세요.

    これを ください。

    코레오 쿠다사이

- [ ] 조금만 더 생각할 시간을 주시겠습니까?

    もう 少し 考えさせて いただけますか。

    모- 스꼬시 캉가에사세떼 이따다께마스까

- [ ] 어떻게 요리해 드릴까요?

    どの ように 料理しましょうか。

    도노 요-니 료-리시마쇼-까

- [ ] 스테이크는 덜익혀(약간 익혀/잘 익혀) 주세요.

    ステーキは 生焼き(半焼/よく 焼いた)、ものに して ください。

    스떼-끼와 나마야끼(항야/요꾸야이따) 모노니 시떼 쿠다사이

- **사시미**(刺身) – 한입 크기로 썬 신선한 어패류를 와사비를 넣은 간장에 찍어 먹습니다.
- **스키야키**(すきやき) – 철냄비 안에 얇게 썬 소고기를 여러가지 야채나 두부와 함께 약간 달게 간을 한 전골 요리.

식사

03 주문이 잘못 되었을 때

■ Point 1 맞춤 표현

■ 식사가 아직 오지 않았습니다.
まだ 料理が 来て いません。
마다 료-리가 키떼 이마셍

■ 내가 주문한 것과는 다른 것 같은데요.
これは 私の 注文した ものとは 違うと 思いますが。
코레와 와따시노 츄-몽시따 모노또와 찌가우또 오모이마스가

■ 이것을 바꿔 주십시오.
これを 換えて ください。
코레오 카에떼 쿠다사이

Point 2 응용하게 쓸 수 있는 표현

☐ 이건 내가 주문한 것과 달라 보이는데요.

これは 私の 注文した ものと 違うようですが。
코레와 와따시노 츄-몽시따 모노또 찌가우요-데스가

☐ 이 요리는 주문하지 않았습니다.

この 料理は 注文して いません。
코노 료-리와 츄-몽시떼 이마셍

☐ 너무 익혔군요.

これは 焼きすぎです。
코레와 야끼스기데스

□ 너무 짜서 먹을 수가 없습니다.

これは 塩辛くて 食べられません。

코레와 시오까라꾸떼 타베라레마셍

□ 아뇨. 로스트 비프를 주문했습니다.

いいえ、ローストビーフを 注文しました。

이-에 로-스또 비-후오 츄-몽시마시따

□ 프렌치 드레싱을 부탁했는데 이것은 블루 치즈입니다.

私は フレンチドレッシングを 注文しましたが、これは ブルーチーズです。

와따시와 후렌찌 도렛싱구오 츄-몽시마시따가 코레와 부루-찌-즈데스

□ 같은 요리를 4인분 주문했는데 2인분밖에 나오지 않았습니다.

同じ 料理を 四人分 注文したのですが、二人分しか 来て いません。

오나지 료-리오 요님붕 츄-몽시따노데스가 후따리분시까 키떼 이마셍

□ 곧 가져 오겠습니다.

すぐに お持ちします。

스구니 오모찌시마스

□ 주문을 바꾸고 싶은데 되겠습니까?

注文を 替えたいのですが、いいですか。

츄-몽오 카에따이노데스가 이-데스까

- **스시**(すし) – 식초 등으로 간을 한 밥을 작게 주물러 한입 크기로 썬 신선한 어패류(참치, 새우, 오징어 등)나 달게 맛을 들여 두껍게 말은 계란말이 등을 얹어서 만든 것을 니기리스시(握りすし)라고 하고 오이나 절인 야채 등을 속에 넣고 말아 만든 김밥을 마키즈시(卷きずし)라고 한다.
- **샤부샤부**(しゃぶしゃぶ) – 아주 얇게 썰은 소고기나 돼지고기를 여러가지 야채나 두부 등과 함께 끓는 물 속에서 살짝 익혀 먹습니다.

식사

04 식사중에, 디저트 주문

■ Point 1   맞춤 표현

❯ 메뉴를 다시 보여 주시겠습니까?
メニューを もう 一度 見せて いただけますか。
메뉴-오 모- 이찌도 미세떼 이따다께마스까

❯ 접시를 하나 더 주시겠습니까?
もう 1枚 お皿を いただけますか。
모- 이찌마이 오사라오 이따다께마스까

❯ 디저트로는 아이스크림을 주십시오.
デザートには アイスクリームを ください。
데자-또니와 아이스꾸리-무오 쿠다사이

 Point 2   유용하게 쓸 수 있는 표현

☐ 웨이터!
すみません。/ お願いします。
스미마셍/ 오네가이시마스

☐ 프렌치 프라이를 하나 더 주십시오.
フレンチフライを もう ひとつ ください。
후렌찌후라이오 모- 히또쯔 쿠다사이

☐ 홍차를 좀 더 주시겠습니까?
もう 少し 紅茶を いただけますか。
모- 스꼬시 코-쨔오 이따다께마스까

□ 빵을 더 주시겠습니까?

もっと パンを いただけますか。

못또 빵오 이따다께마스까

□ 물(나이프/ 젓가락) 좀 주세요.

お水(ナイフ / 箸)、お願いします。

오미즈(나이후/하시) 오네가이시마스

□ 소금(후추/간장) 좀 갖다 주세요.

鹽(こしょう / 醤油)、お願いします。

시오(코쇼-/쇼-유) 오네가이 시마스

□ 숟가락을 떨어뜨렸습니다. 새 것으로 바꿔 주시겠어요?

さじを 落として しまいました。新しい もの と 取り替えて くれますか。

사지오 오또시떼 시마이마시따. 아따라시- 모노또 토리까에떼 쿠레마스까

□ 미안합니다만, 좀 빨리 해 주십시오.

すみませんが、急いで ください。

스미마셍가 이소이떼 쿠다사이

□ 디저트는 무얼 추천하시겠습니까?

デザートは 何が お勧めですか。

데자-또와 나니가 오스스메데스까

□ 디저트 메뉴를 부탁합니다.

デザート メニューを お願いします。

데자-또 메뉴-오 오네가이시마스

식사

05 계산

■ Point 1   맞춤 표현

↗ 계산서를 부탁합니다.
お勘定、お願いします。
오깐죠- 오네가이시마스

↗ 어디서 계산을 합니까?
勘定は どこで 払うんですか。
칸죠-와 도꼬데 하라운데스까

↗ 이 신용카드 받습니까?
この カードで 支払えますか。
코노 카-도데 시하라에마스까

Point 2   요용하게 쓸 수 있는 표현

☐ 신용카드를 사용할 수 있습니까?
クレジットカードが 使えますか。
크레짓또카-도가 쯔까에마스까

☐ 여행자 수표를 사용할 수 있습니까?
トラベラーズ チェックが 使えますか。
토라베라-즈 첵꾸가 쯔까에마스까

☐ 3인분을 함께 지불하겠습니다.
3人ぶん まとめて 払います。
산님붕 마또메떼 하라이마스

☐ 각자 지불하려는데요.

別々に 支払いたいんですが。
베쯔베쯔니 시하라이따인데스가

☐ 이건 무슨 요금입니까?

これは 何の 料金ですか。
코레와 난노 료-낑데스까

☐ 합계 금액이 틀린 것 같아요.

合計金額が 間違って いる ようですよ。
고-께-낑까꾸가 마찌갓떼 이루 요-데스요

☐ 봉사료가 계산에 포함되어 있습니까?

サービス料は 勘定に 含まれて いますか。
사-비스료-와 칸죠-니 후꾸마레떼 이마스까

☐ 합계금액을 쓰시고 여기에 서명해 주시겠습니까?

合計金額を 記入して、ここに 署名して いただけますか。
고-께-낑까꾸오 키뉴-시떼 코꼬니 쇼메-시떼 이따다께마스까

☐ 영수증을 주세요.

領収証を ください。
료-슈-쇼-오 쿠다사이

☐ 맛있었습니다.

おいしかったです。
오이시깟따데스

식사

06 패스트푸드점에서

■ Point 1   맞춤 표현

▲ 햄버거 2개와 밀크쉐이크 2개 주십시오.
ハンバーガー 2つと、ミルクシェーク 2つ お願いします。

함바-가 후따쯔또 미루꾸세-꾸 후다쯔 오네가이시마스

▲ 여기서 먹겠습니다.
ここで 食べます。

코꼬데 타베마스

▲ 냄비우동은 오래 걸립니까?
うどんなべは ながく かかりますか。

우동나베와 나가꾸 카까리마스까

 Point 2   유용하게 쓸 수 있는 표현

☐ 햄 샌드위치와 콜라를 주십시오.

ハムサンドと コーラを お願いします。

하무산도또 코-라오 오네가이시마스

☐ 여기서 드시겠습니까, 가지고 가시겠습니까?

ここで 召し上がりますか、お持ち帰りますか。

코꼬데 메시아가리마스까 오모찌카에리마스까

☐ 가지고 가겠습니다.

持ち帰ります。

모찌카에리마스

☐ 햄버거에 무엇을 넣을까요?

ハンバーガーには 何を のせますか。
함바-가-니와 나니오 노세마스까

☐ 양파를 제외하고 전부 넣어주세요.

たまねぎ 以外は すべて のせて ください。
타마네기 이가이와 스베떼 노세떼 쿠다사이

☐ 나이프와 포크는 어디 있습니까?

ナイフと フォークは どこに ありますか。
나이후또 훠-꾸와 도꼬니 아리마스까

☐ 오뎅을 파는 가게는 어디입니까?

おでんの 屋台は どこですか。
오뎬노 야따이와 도꼬데스까

☐ 어디에서 튀김을 먹을 수 있습니까?

どこで てんぷらが 食べられますか。
도꼬데 템뿌라가 타베라레마스까

☐ 메뉴는 자동판매기에 붙어 있습니다.

メニューは 自動販売機に はって あります。
메뉴-와 지도-함바이끼니 핫떼 아리마스

☐ 이것을 주십시오.

これを お願いします。
코레오 오네가이시마스

식사

07 커피숍, 바에서

■ Point 1 맞춤 표현

▼ 레모네이드를 먹겠습니다.
レモネードを いただきます。
레모네-도오 이따다끼마스

▼ 나는 커피와 초콜릿 케이크로 하겠습니다.
私は コーヒーと チョコレートケーキに します。
와따시와 코-히-또 쵸꼬레-또 케-끼니 시마스

▼ 맥주 한 잔 주십시오.
ビール 1杯 お願いします。
비-루 입빠이 오네가이시마스

Point 2 유용하게 쓸 수 있는 표현

☐ 이 커피숍은 24시간 영업합니까?

この コーヒー ショップは 24時間 営業ですか。
코노 코-히-숍뿌와 니쥬-욘지깡 에이교-데스까

☐ 선불입니까?

前払いですか。
마에바라이데스까

☐ 셀프서비스입니까?

セルフサービスですか。
세루후사-비스데스까

☐ 여기서는 금연입니까?

ここは 禁煙ですか。

코꼬와 킹엥데스까

☐ 도넛과 커피를 주십시오.

ドーナツと コーヒーを お願いします。

도-나쯔또 코-히-오 오네가이시마스

☐ 블랙으로(설탕을, 밀크를) 부탁합니다.

ブラックで(お砂糖を / ミルクを)、お願いします。

부락꾸데(오사또오-/ 미루꾸오) 오네가이시마스

☐ 찬 걸 좀 주십시오.

何か 冷たい ものが 欲しいです。

나니까 쯔메따이 모노가 호시-데스

☐ 오렌지 주스는 어떻습니까?

オレンジジュースは いかがですか。

오렌지 쥬-스와 이까가데스까

☐ 생맥주입니까, 병맥주입니까?

生ですか、ビンですか。

나마데스까 빈데스까

☐ 수입 맥주 있습니까?

輸入ものの ビールは ありますか。

유뉴-모노노 비-루와 아리마스까

☐ 피처 하나하고 잔 4개를 주십시오.

ピッチャー 1杯に 4つの コップを つけて ください。

삣쨔- 입빠이니 욧쯔노 콥뿌오 쯔께떼 쿠다사이

유용하게 쓸 수 있는 단어

□ 아침식사	朝食(朝ご飯)	쵸-쇼꾸(아사고항)
□ 점심식사	昼食(昼ご飯)	쥬-쇼꾸(히루고항)
□ 저녁식사	夕食(晩ご飯)	유-쇼꾸(방고항)
□ 일본요리	和食	와쇼꾸
□ 소바집	そば屋	소바야
□ 초밥집	寿司屋	스시야
□ 라면집	ラーメン屋	라-멩야
□ 레스토랑	レストラン	레스또랑
□ 한국요리	韓国料理	캉꼬꾸료-리
□ 프랑스요리	フランス料理	후란스료-리
□ 중국요리	中国料理	쥬-고꾸료-리
□ 지방요리	郷土料理	쿄-또료-리

□ 밥	ご飯	고항
□ 수프	スープ	스-뿌
□ 빵	パン	빵
□ 나이프	ナイフ	나이후
□ 포크	フォーク	훠-꾸
□ 스푼	スプーン	스뿡-
□ 냅킨	ナプキン	나뿌낑
□ 젓가락	箸	하시
□ 컵	コップ	콥뿌
□ 이쑤시게	楊枝	요지
□ 재떨이	灰皿	하이자라
□ 성냥	マッチ	맛찌
□ 겨자	からし	카라시

유용하게 쓸 수 있는 단어

☐ 설탕	砂糖	사또-
☐ 식초	酢	스
☐ 간장	しょう油	쇼-유
☐ 된장	味噌	미소
☐ 마늘	ニンニク	닌니꾸
☐ 후추	胡椒	코쇼-
☐ 소금	塩	시오
☐ 소스	ソース	소-스
☐ 토스트	トースト	토-스또
☐ 잼	ジャム	자무
☐ 버터	バター	바따-
☐ 계란	たまご	타마고
☐ 햄	ハム	하무
☐ 마가린	マーガリン	마-가링
☐ 치즈	チーズ	치-즈
☐ 마요네즈	マヨネーズ	마요네-즈
☐ 요쿠르트	ヨーグルト	요-구루또
☐ 피클	ピックルス	삑꾸루스
☐ 크림	クリーム	쿠리-무
☐ 고기	肉	니꾸
☐ 소고기	牛肉(ビーフ)	큐-니꾸(비-후)
☐ 스테이크	ステーキ	스떼-끼
☐ 돼지고기	豚肉(ポーク)	부따니꾸(뽀-꾸)
☐ 닭고기	鶏肉(チキン)	케-니꾸(치낑)

유용하게 쓸 수 있는 단어

☐ 양고기	羊肉	요-니꾸
☐ 간	レバー	레바-

☐ 생선	魚	사까나
☐ 대구	たち	타찌
☐ 장어	うなぎ	우나기
☐ 광어	カレイ	카레-
☐ 참치	マグロ	마구로
☐ 연어	鮭	사께
☐ 청어	ニシン	니싱
☐ 송어	マス	마스
☐ 고등어	サバ	사바
☐ 문어	たこ	타꼬
☐ 오징어	イカ	이까
☐ 숭어	ボラ	보라
☐ 정어리	イワシ	이와시
☐ 랍스터	伊勢えび	이세에비
☐ 대합조개	はまぐり	하마구리
☐ 굴	カキ	카끼
☐ 게	カニ	카니

☐ 야채	野菜	야사이
☐ 감자	ジャガイモ	쟈가이모
☐ 토마토	トマト	토마또
☐ 양배추	キャベツ	캬베쯔
☐ 양파	タマネギ	타마네기

유용하게 쓸 수 있는 단어

☐ 가지	なす	나스
☐ 당근	ニンジン	닌징
☐ 파슬리	パセリ	빠세리
☐ 파	ネギ	네기
☐ 시금치	ほうれん草	호-렌소-
☐ 옥수수	トウモロコシ	토-모로꼬시
☐ 호박	カボチャ	카보쨔
☐ 버섯	キノコ	키노꼬

☐ 과일	果物	쿠다모노
☐ 오렌지	オレンジ	오렌지
☐ 배	梨	나시
☐ 복숭아	桃	모모
☐ 딸기	いちご	이찌고
☐ 파인애플	パイナップル	빠이납뿌루
☐ 메론	メロン	메롱
☐ 바나나	バナナ	바나나
☐ 사과	リンゴ	링고
☐ 포도	ぶどう	부도-

☐ 샐러드	サラダ	사라다
☐ 이탈리안드레싱	イタリアンドレッシング	이따리안 도렛싱구
☐ 프렌치드레싱	フレンチドレッシング	후렌찌도렛싱구
☐ 삶은계란	ゆで卵	유데망오
☐ 반숙계란	半熟卵	한쥬꾸망오
☐ 계란후라이	目玉焼き卵	메다마야끼망오

유용하게 쓸 수 있는 단어

- [ ] 음료 　　　　飲み物　　노미모노
- [ ] 와인 　　　　ワイン　　와잉
- [ ] 맥주 　　　　ビール　　비-루
- [ ] 소주 　　　　焼酒　　쇼-쮸-
- [ ] 브랜디 　　　ブランデー　부란데-
- [ ] 위스키 　　　ウィスキー　위스끼-
- [ ] 물 탄 위스키 　水割り　미즈와리
- [ ] 얼음 탄 위스키 オンザロック 온자록꾸
- [ ] 샴페인 　　　シャンペン　샴뼁
- [ ] 아이스커피 　アイスコーヒー 아이스코-히-
- [ ] 카페오레 　　カフェオーレ 카훼오-레
- [ ] 코코아 　　　ココア　　코꼬아
- [ ] 레모네이드 　レモネード 레모네-도
- [ ] 홍차 　　　　紅茶　　코-쨔
- [ ] 녹차 　　　　緑茶　　료꾸쨔
- [ ] 엽차 　　　　煎茶　　센쨔
- [ ] 주스 　　　　ジュース　쥬-스
- [ ] 우유 　　　　ミルク　　미루꾸
- [ ] 케익 　　　　ケーキ　　케-끼

- **야키도리(焼き鳥)** – 닭이나 닭 껍질 또는 닭 내장을 꼬치에 꽂아 달고 짭짤한 소스나 소금으로 간을 해 불에 구어내는 음식. 야키도리와 함께 야채나 버섯을 꽂은 것도 있습니다.
- **덴푸라(天ぷら)** – 새우, 오징어, 생선 등의 어패류나 여러가지 야채 등을 밀가루에 입혀서 기름에 튀긴 요리.
- **돈카쓰(トンカツ)** – 돼지고기에 빵가루를 입혀 기름에 튀겨낸 음식.
- **소바(そば)·우동(うどん)·라면(ラーメン)** – 서민에게 사랑받는 요리. 스프 속에 넣어서 끓이기도 하고 차가운 스프에 담궈 먹기도 합니다.

SCENE 06

쇼핑

Contents

초간단 필수 표현과 여행정보
1. 매장 찾기
2. 물건 고르기, 흥정하기
3. 지불
4. 귀금속, 악세사리점에서
5. 의류점에서
6. 약국에서
7. 교환, 환불

유용하게 쓸 수 있는 단어

초간단 필수 표현과 여행정보

● 가장 가까운 ~은 어디입니까?

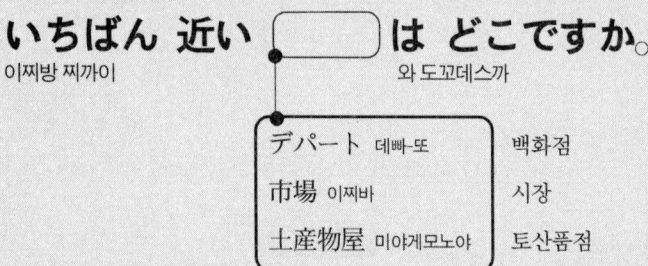

いちばん 近い ☐ は どこですか。
이찌방 찌까이   와 도꼬데스까

デパート 데빠-또   백화점
市場 이찌바   시장
土産物屋 미야게모노야   토산품점

관련표현 ● ~은 어디서 살 수 있습니까?
~は どこで 買う ことが できますか。
~와 도꼬데 카우 코또가 데끼마스까

여행 정보

◆ 서비스 기관별 업무시간

구분	평일	토요일	일요일/공휴일
은행	9:00~15:30	휴 무	휴 무
우체국	9:00~17:00	휴 무	휴 무
백화점	10:00~18:00(19:00)	10:00~18:30(19:00)	10:00~18:30(19:00)
일반상점	10:00~20:00	10:00~20:00	10:00~20:00
회사	9:00~17:00	9:00~12:00	휴 무
관공서	9:00~17:00	9:00~12:00	휴 무

일반 점포 및 가게들은 평일과 마찬가지로 토,일요일과 국경일에도 아침 10시부터 오후 8시경까지 문을 엽니다. 백화점은 평일 하루만 정기휴일이며 백화점마다 다릅니다. 대부분의 상점의 폐점시간이 우리나라보다 빠르므로 폐점시간 이후에는 24시간 편의점을 이용하면 됩니다.

일본에서는 모든 제품과 서비스에 5%의 소비세를 부과하고 있습니다. 쇼핑을 할 때는 제품에 붙어 있는 가격에 5%를 더해서 계산해야 합니다. 그러나 외국인에게는 지정된 면세점에서 합계 만엔 이상의 물건을 샀을 경우 소비세를 면제해 주는 혜택을 줍니다. 이때는 여권을 제시하고 상점에서 써주는 확인서를 받아 두는

~을 주세요.

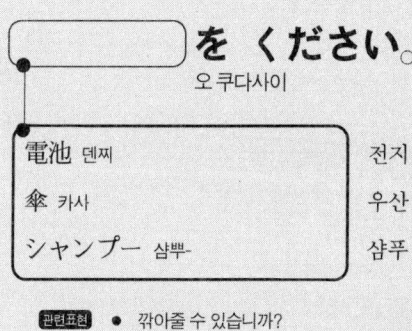

電池 덴찌	전지
傘 카사	우산
シャンプー 샴뿌-	샴푸

관련표현
- 깎아줄 수 있습니까?
  安く して もらえませんか。
  아스꾸 시떼 모라에마셍까

것이 좋습니다.

어느 도시에서나 가장 저렴하게 쇼핑을 하고 싶다면 그곳에 사는 주민들에게 직접 물어보는 것이 가장 정확합니다. 전자제품의 경우에도 우리가 흔히 알고 있는 도쿄의 아키하바라보다 아메요코 시장 옆에 있는 다케야가 같은 물건을 훨씬 더 저렴한 가격에 구입할 수 있다. 다케야의 경우에는 관광객이나 여행객보다 도쿄의 주민들이 즐겨 찾는 상설할인 매장이라 할 수 있습니다. 이때 한 가지 주의 할 것은 이러한 할인 매장에서는 대부분 신용카드 결재가 되지 않으며 오로지 현금결재만이 가능하다는 것입니다.

◆ 일본의 연호

일본에서는 서기보다 일본연호가 많이 쓰입니다. 쇼와(昭和) 몇 년은 그 숫자에 25를 더하면 서기를 알 수 있고, 헤이세이(平成)는 88을 더하면 서기를 알 수 있습니다.

연호	서기	연호	서기
쇼와(昭和) 원년	1926	헤이세이(平成) 원년	1989
쇼와(昭和) 10년	1935	헤이세이(平成) 2년	1990
쇼와(昭和) 20년	1945		

쇼핑

01 매장 찾기

■ Point 1 맞춤 표현

┓ 어디에서 전자제품을 싸게 살 수 있습니까?
どこで 電子製品が 安く 買えますか。
도꼬데 덴시세이힝가 야스꾸 카에마스까

┓ 가장 가까운 카메라상점은 어디입니까?
いちばん 近い カメラ屋は どこですか。
이찌방 찌까이 카메라야와 도꼬데스까

┓ 단지 둘러 보고 있을 뿐입니다.
ちょっと 見て いるだけです。
촛또 미떼 이루다께데스

Point 2 유용하게 쓸 수 있는 표현

☐ 찾고 계신 게 있습니까?
何か お探しですか。
나니까 오사가시데스까

☐ 이 지방 수공예 민예품이 있습니까?
この 地方の 手作りの 民芸品は ありますか。
코노 치호-노 테즈꾸리노 밍게이힝와 아리마스까

☐ 가장 유명한 백화점은 어디입니까?
いちばん 有名な デパートは どこですか。
이찌방 유-메-나 데빠-또와 도꼬데스까

- [ ] 기념품은 어디에서 살 수 있습니까?

    みやげ物は どこで 買えますか。

    미야게모노와 도꼬데 카에마스까

- [ ] 이것이 신문광고 하는 상품입니까?

    これが 新聞広告の 商品ですか。

    코레가 심붕코-꼬꾸노 쇼-힝데스까

- [ ] 부엌용품은 어느 통로에 있습니까?

    台所用品は どの 通路に ありますか。

    다이도꼬로요-힝와 도노 츠-로니 아리마스까

- [ ] 일본풍의 선물을 찾고 있습니다.

    日本ふうの おみやげを 探して います。

    니홍후-노 오미야게오 사가시떼 이마스

- [ ] 내일은 몇 시에 가게를 엽니까?

    あしたは 何時に 店が 開きますか。

    아시따와 난지니 미세가 아끼마스까

- [ ] 거기는 어떻게 가면 좋습니까?

    そこへは どうやって 行けば いいですか。

    소꼬에와 도-얏떼 이께바 이-데스까

- [ ] 나중에 사겠습니다.

    後で 買います。

    아또데 카이마스

쇼핑
02 물건 고르기, 흥정하기

■ Point 1　맞춤 표현

↗ 이것은 무엇으로 만든 것입니까?
これは 何で できて いるのですか。
코레와 나니데 데끼떼 이루노데스까

↗ 다른 색으로 보여 주세요.
色違いの ものを 見せて ください。
이로찌가이노 모노오 미세떼 쿠다사이

↗ 좀 더 싼 것은 없습니까?
もっと 安いのは ありませんか。
못또 야스이노와 아리마셍까

Point 2　유용하게 쓸 수 있는 표현

☐ 이건 너무 큽니다.
これは 大きすぎます。
코레와 오-끼스기마스

☐ 이 사이즈로 다른 것을 보여 주세요.
この サイズで 何か 見せて ください。
코노 사이즈데 나니까 미세떼 쿠다사이

☐ 좀 다른 디자인도 보여 주시겠어요?
もっと 他の デザインも 見せて いただけますか。
못또 호까노 데자임모 미세떼 이따다께마스까

☐ 이것이 제일 작은 사이즈입니까?

これが 一番 小さい サイズですか。
코레가 이찌방 치이사이 사이즈데스까

☐ 길이를 고쳐 줄 수 있습니까?

丈は 詰めて いただけますか。
타께와 츠메떼 이따다께마스까

☐ 값을 써 줄 수 있습니까?

値段を 書いて もらえますか。
네당오 카이떼 모라에마스까

☐ 너무 비쌉니다.

高すぎます。
타까스기마스

☐ 좀 깎아 주시겠어요?

もう 少し まけて くれませんか。
모- 스꼬시 마께떼 쿠레마셍까

☐ 싸게 해 주면 사겠습니다.

安く して くれれば 買います。
야스꾸 시떼 쿠레레바 카이마스

☐ 면세로 살 수 있습니까?

免税で 買えますか。
멘제-데 카에마스까

쇼핑

03 지불

■ Point 1 맞춤 표현

🔊 계산대는 어디입니까?
会計は どこですか。
카이께이와 도꼬데스까

🔊 전부 해서 얼마입니까?
全部で いくらですか。
젬부데 이꾸라데스까

🔊 이 신용카드로 지불할 수 있습니까?
この クレジット カードで 支払えますか。
코노 쿠레짓또 카-도데 시하라에마스까

 Point 2 유용하게 쓸 수 있는 표현

☐ 좋습니다. 그렇게 합시다.

けっこうです。それに しましょう。
켁꼬데스. 소레니 시마쇼-

☐ 계산은 이쪽입니까?

レジは こちらの ほうですか。
레지와 코찌라노 호-데스까

☐ 현금으로 내시겠습니까, 아니면 여행자수표입니까?

現金で 支払いますか、それとも 旅行者小切手ですか。
겡낑데 시하라이마스까 소레또모 료꼬-샤코깃떼데스까

□ 수표도 됩니까?

小切手で いいですか。

코깃떼데 이-데스까

□ 이 가격은 세금 포함입니까?

この 値段は 税込みですか。

코노 네당와 제-꼬미데스까

□ 따로따로 포장해 줄 수 있습니까?

別々に 包んで もらえますか。

베쯔베쯔니 츠츤데 모라에마스까

□ 선물용으로 포장해 주세요.

プレゼント用に 包んで ください。

뿌레젠또요-니 츠츤데 쿠다사이

□ 한국으로 보내 줄 수 있습니까?

韓国へ 送って もらえますか。

캉꼬꾸에 모꿋떼 모라에마스까

□ 거스름돈이 부족합니다.

おつりが たりません。

오쯔리가 타리마셍

□ 영수증을 주세요.

領収書を ください。

료-슈-쇼오 쿠다사이

쇼핑

04 귀금속, 악세사리점에서

■ Point 1　맞춤 표현

↗ 이 장신구 좀 보여 주시겠습니까?
この ペンダントを 見せて いただけますか。
코노 빼단또오 미세떼 이따다께마스까

↗ 루비 반지를 보여 주시겠습니까?
ルビーの 指輪を 見せて いただけますか。
루비-노 유비와오 미세떼 이따다께마스까

↗ 한 번 끼어 봐도 됩니까?
はめて 見ても いいですか。
하메떼 미떼모 이-데스까

 Point 2　유용하게 쓸 수 있는 표현

☐ 이것은 어떻습니까?
これは いかがですか。
코레와 이까가데스까

☐ 이건 어떤 보석입니까?
これは どんな 石ですか。
코레와 돈나 이시데스까

☐ 다른 색은 없습니까?
他の 色は ありませんか。
호까노 이로와 아리마셍까

- [ ] 무슨 색을 좋아하십니까?

    何色を お好みですか。

    나니이로오 오꼬노미데스까

- [ ] 이것은 몇 캐럿입니까?

    これは 何カラットですか。

    코레와 낭까랏또데스까

- [ ] 1캐럿입니다.

    1カラットです。

    이찌카랏또데스

- [ ] 이것은 24금입니까?

    これは 24金ですか。

    코레와 니쥬-용낑데스까

- [ ] 순은으로 만든 겁니까?

    純銀で できて いるのですか。

    중깅데 데끼떼 이루노데스까

- [ ] 보증서는 있습니까?

    保証書は ありますか。

    호쇼-쇼와 아리마스까

- [ ] 원하는 것을 못 찾겠습니다.

    欲しい ものを 見つかりません。

    호시- 모노오 미쯔까리마셍

쇼핑

05 의류점에서

▣ Point 1 맞춤 표현

▶ 나는 이런 드레스를 사고 싶은데요.
私は こんな ドレスが 欲しいんですが。
와따시와 콘나 도레스가 호시인데스가

▶ 이 드레스의 재질은 무엇입니까?
この ドレスの 生地は 何ですか。
코노 도레스노 키지와 난데스까

▶ 입어보는 데는 어디입니까?
試着室は どこですか。
시짜꾸시쯔와 도꼬데스까

Point 2 유용하게 쓸 수 있는 표현

☐ 입어봐도 되겠습니까?

試着しても いいですか。
시짜꾸시떼모 이-데스까

☐ 제 사이즈는 잘 모릅니다.

私の サイズは よく わかりません。
와따시노 사이즈와 요꾸 와까리마셍

☐ 사이즈를 재 주시겠습니까?

私の サイズを 計って いただけますか。
와따시노 사이즈오 하깟떼 이따다께마스까

☐ 다른 색은 있습니까?

色違いは ありますか。

이로찌가이와 아리마스까

☐ 이 스웨터로 다른 색은 있습니까?

このセーターの 色違いは ありますか。

코노 세-따-노 이로찌가이와 아리마스까

☐ 이것과 같은 것이 있습니까?

これと 同じ ものは ありますか。

코레도 오나지 모노와 아리마스까

☐ 이 치수를 보여 주세요.

この 寸法の ものを 見せて ください。

코노 슴뽀-노 모노오 미세떼 쿠다사이

☐ 너무 큽니다.

大きすぎます。

오-끼스기마스

☐ 좀더 작은 것 있습니까?

もう 少し、小さいのが ありますか。

모- 스꼬시 치이사이노가 아리마스까

☐ 기장을 고쳐 주시겠습니까?

丈を なおして くれますか。

타께오 나오시떼 쿠레마스까

쇼핑

06 약국에서

■ Point 1 맞춤 표현

> ▲ 이 처방전의 약을 조제해 주시겠습니까?
> この 処方箋の 薬を 調合して くださいますか。
> 코노 쇼호-센노 쿠스리오 쵸-고-시떼 쿠다사이마스까
>
> ▲ 치통에 잘 듣는 약이 있습니까?
> 歯痛に よく 効く 薬は ありますか。
> 시쯔-니 요꾸 키꾸 쿠스리와 아리마스까
>
> ▲ 아스피린을 주십시오.
> アスピリンを ください。
> 아스삐링오 쿠다사이

Point 2 유용하게 쓸 수 있는 표현

☐ 이 근처에 약국이 있습니까?

この 近くに 薬局は ありますか。
코노 치까꾸니 약꾜꾸와 아리마스까

☐ 복통에 잘 듣는 약이 있습니까?

腹痛に よく 効く 薬は ありますか。
후꾸쯔-니 요꾸 키꾸 쿠스리와 아리마스까

☐ 위장약을 주십시오.

胃薬を ください。
이구스리오 쿠다사이

- [ ] 약간 열이 있고 기침이 납니다.

少し 熱が あって、せきが 出ます。

스꼬시 네쯔가 앗떼 세끼가 데마스

- [ ] 그것은 몇 정 들어 있습니까?

それは 何錠入りですか。

소레와 난죠-이리데스까

- [ ] 한번에 몇 정 먹으면 됩니까?

1回に 何錠 飲んだら いいのですか。

익까이니 난죠- 논다라 이-노데스까

- [ ] 식후에 어른은 2정, 아이는 1정입니다.

毎食後に 大人は 2錠、子どもは 1錠です。

마이쇼꾸고니 오또나와 니죠- 코도모와 잇죠-데스

- [ ] 어떻게 복용하면 좋습니까?

どう やって 飲めば いいですか。

도- 얏떼 노메바 이-데스까

- [ ] 라벨의 지시에 따라 주십시오.

ラベルの 指示に 従って ください。

라베루노 시지니 시따갓떼 쿠다사이

쇼핑

07 교환, 환불

Point 1 맞춤 표현

▸ 교환해 주시겠습니까?
取り替えて いただけますか。
토리까에떼 이따다께마스까

▸ 이 유리가 깨져 있습니다.
この グラスは 壊れて います。
코노 구라스와 코와레떼 이마스

▸ 살 때에는 몰랐습니다.
買った ときには 気が つきませんでした。
캇따 토끼니와 기가 쯔끼마셍데시따

Point 2 유용하게 쓸 수 있는 표현

☐ 이것을 어제 여기서 샀습니다.

これは 昨日 ここで 買いました。
코레와 키노-코꼬데 카이마시따

☐ 이것을 교환하고 싶은데요.

これを 交換して いただきたいのですが。
코레오 코-깐시떼 이따다끼따이노데스가

☐ 갯수가 부족합니다.

数が 不足して います。
카즈가 후소꾸시떼 이마스

□ 망가져 있어요. 바꿔 주세요.

壊れて います。取り替えて ください。

코와레떼 이마스. 토리카에떼 쿠다사이

□ 이것을 다른 것으로 교환해 줄 수 있습니까?

これを ほかの ものと 交換して もらえますか。

코레오 호까노 모노또 코-깐시떼 모라에마스까

□ 좀 보여 주시겠습니까?

見せて いただけますか。

미세떼 이따다께마스까

□ 영수증은 가지고 계십니까?

領収書は お持ちですか。

료-슈-쇼와 오모찌데스까

□ 이것이 새 것입니다.

これが 新しい ものです。

코레가 아따라시이 모노데스

유용하게 쓸 수 있는 단어

☐	시장	市場	이찌바
☐	백화점	デパート	데빠-또
☐	슈퍼마켓	スーパーマーケット	스-빠-마-껫또
☐	식료품점	食料品店	쇼꾸료-힌뗑
☐	기념품점	みやげ物屋	미야게모노야
☐	면세품점	免税品店	멘제-힌뗑
☐	골동품점	骨董品店	콧또-힌뗑
☐	민예품점	民芸品店	민께이힌뗑
☐	양복점	洋服店	요-후꾸뗑
☐	약국	薬局	약꾜꾸
☐	서점	本屋	홍야
☐	미용실	美容院	비요-잉
☐	이발소	床屋	토꼬야
☐	담배가게	タバコ屋	타바꼬야
☐	술가게	酒店	사께뗑
☐	보석가게	宝石店	호-세끼뗑
☐	시계점	時計店	도께이뗑
☐	가구점	家具店	캉우뗑
☐	식기점	食器店	쇼끼뗑
☐	상의	上着	우와기
☐	바지	ズボン	즈봉
☐	청바지	ジーンズ	진-즈
☐	속옷	下着	시따기
☐	욕의	浴衣	유까따
☐	양말	靴下	쿠쯔시따
☐	오버코트	オーバー	오-바-

유용하게 쓸 수 있는 단어

☐ 넥타이	ネクタイ	네꾸따이
☐ 와이셔츠	ワイシャツ	와이샤쯔
☐ 스웨터	セーター	세-따-
☐ 티셔츠	Tシャツ	티샤쯔
☐ 원피스	ワンピース	왐삐-스
☐ 투피스	ツーピース	츠-삐-스
☐ 블라우스	ブラウス	부라우스
☐ 스커트	スカート	스까-또
☐ 스카프	スカーフ	스까-후
☐ 손수건	ハンカチ	항까찌
☐ 어두운	暗い	쿠라이
☐ 밝은	明るい	아까루이
☐ 하양	白	시로
☐ 회색	灰色	하이이로
☐ 검정색	黒	쿠로
☐ 빨강	赤	아까
☐ 오렌지색	オレンジ色	오렌지이로
☐ 핑크	ピンク	삥꾸
☐ 초록	緑	미도리
☐ 파랑	青	아오
☐ 노랑	黄色	키이로
☐ 갈색	茶色	챠이로
☐ 보라	紫	무라사끼
☐ 실크	絹	키누
☐ 울	ウール	우-루
☐ 면	もめん	모멩

유용하게 쓸 수 있는 단어

☐	마	麻	아사
☐	폴리에스텔	ポリエステル	뽀리에스떼루
☐	나일론	ナイロン	나이롱
☐	아동복	子供服	코도모후꾸
☐	여행가방	旅行かばん	료꼬-까방
☐	핸드백	ハンドバッグ	한도박구
☐	서류가방	書類かばん	쇼-루이까방
☐	숄더백	ショルダーバッグ	쇼루다-박구
☐	벨트	ベルト	베루또
☐	장갑	手袋	데부꾸로
☐	지갑	財布	사이후
☐	소가죽	牛皮	규-히
☐	악어가죽	ワニ皮	와니가와
☐	신사화	紳士靴	신시구쯔
☐	숙녀화	婦人靴	후징구쯔
☐	부츠	ブーツ	부-쯔
☐	운동화	運動靴	운도-구쯔
☐	장화	雨靴	아마구쯔
☐	안경	メガネ	메가네
☐	선글라스	サングラス	상구라스
☐	반지	指輪	유비와
☐	팔찌	ブレスレット	부레스렛또
☐	목걸이	ネックレス	넥꾸레스
☐	귀걸이	イヤリング	이야링구
☐	브로치	ブローチ	부로-찌
☐	펜던트	ペンダント	뺀단또

유용하게 쓸 수 있는 단어

☐ 넥타이핀	タイピン	타이삥
☐ 커프스링크	カフスボタン	카후스보땅
☐ 모자	帽子	보-시
☐ 손목시계	腕時計	우데도께이
☐ 볼펜	ボールペン	보-루뻥
☐ 만년필	万年筆	만넹히쯔
☐ 샤프펜	シャープペンシル	샤-뿌뺀시루
☐ (접는) 부채	扇子	센스
☐ 부채	団扇	우찌와
☐ 우산	傘	카사
☐ 금	金	킹
☐ 백금	プラチナ	뿌라찌나
☐ 순금	純金	중낑
☐ 은	銀	깅
☐ 다이아몬드	ダイヤモンド	다이야몬도
☐ 진주	真珠	신쥬
☐ 사파이어	サファイア	사화이아
☐ 자수정	アメジスト	아메지스또
☐ 에메랄드	エメラルド	에메라루도
☐ 루비	ルビー	루비-
☐ 오팔	オパール	오빠-루
☐ 화장품	化粧品	케쇼-힝
☐ 향수	香水	코-스이
☐ 화운데이션	ファンデーション	환데-송
☐ 립스틱	口紅	구찌베니
☐ 로션	乳液	뉴-에끼

유용하게 쓸 수 있는 단어

☐ 샴푸	シャンプー	샴뿌-
☐ 비누	石鹸	섹껭
☐ 크림	クリーム	쿠리-무
☐ 장식물	置物	오끼모노
☐ 탁상시계	置時計	오끼도께이
☐ 전등	ライトスタンド	라이또스딴도
☐ 그림	絵画	카이가
☐ 꽃병	花瓶	카빙
☐ 액자	額ぶち	가꾸부찌
☐ 카펫	カーペット	카-뺏또
☐ 식탁보	テーブルクロス	테-부루꾸로스
☐ 병따개	せん抜き	센누끼
☐ 건전지	電池	덴찌
☐ 빵	パン	빵
☐ 계란	たまご	타마고
☐ 햄	ハム	하무
☐ 꿀	蜂蜜	하찌미쯔
☐ 성냥	マッチ	맛찌
☐ 인형	人形	닝교-
☐ 잡지	雑誌	잣시
☐ 신문	新聞	심붕
☐ 그림엽서	絵葉書	에하가끼
☐ 사전	辞書	지쇼
☐ 지도	地図	치즈
☐ 화장지	トイレットペーパー	토이렛또뻬-빠-
☐ 우유병	哺乳びん	호뉴-빙

SCENE 07

관광

Contents

초간단 필수 표현과 여행정보
1. 관광안내소에서
2. 길을 물을 때
3. 단체관광을 할 때
4. 사진촬영
5. 박물관, 미술관
6. 연극, 영화
7. 스포츠

유용하게 쓸 수 있는 단어

초간단 필수 표현과 여행정보

● ~에 가고 싶습니다.

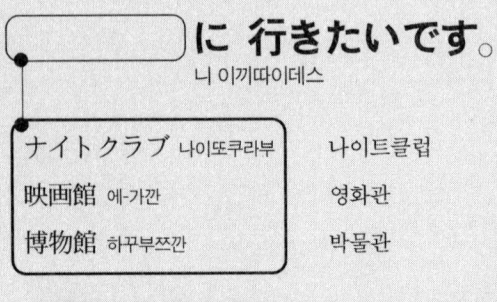

に 行きたいです。
니 이끼따이데스

ナイトクラブ 나이또쿠라부   나이트클럽
映画館 에-가깐   영화관
博物館 하꾸부쯔깐   박물관

관련표현 ● 사진 좀 찍어 주시겠어요?

写真を 撮って もらえますか。
샤싱오 톳떼 모라에마스까

여행 정보

◆ 관광

도쿄는 행정적으로 23개의 구와 위성도시 그리고 도쿄만 남쪽 태평양상의 섬들로 구성되어 있습니다. 도쿄 궁성을 중심으로 반경 50㎞ 이내에 2,700만명의 사람들이 살고 있는 대도시이므로 중심부가 어디라고 정하기는 힘들지만 긴자, 시부야, 신주쿠, 이케부쿠로, 롯퐁기등이 도쿄의 중심지들입니다. 도쿄를 중심으로 세세하게 돌아다닐 계획이면 일주일은 족히 걸리겠지만 도쿄를 2, 3일 정도에 여행할 생각이라면 아사쿠사, 메이지신궁, 우에노 박물관 등을 먼저 둘러는 것이 좋습니다. 특히 우에노 박물관은 엄청난 양의 국보급 문화재를 보유하고 있으므로 볼 가치가 있습니다. 또한 근처의 아메요코 시장은 재래시장으로 들러볼 만합니다.
좀더 시간이 허락되면 장거리 코스라 할 수 있는 요코하마나 닛코, 하코네 등도 둘러보면 좋습니다. 이러한 코스는 하루 일정이기 때문에 가능하면 저녁일정을 잡지 않는게 좋습니다.

- **시내 관광버스**...최근 도쿄 시내 한국어 관광버스가 새로 탄생했는데 이 버스는 도쿄 시내를 오전과 오후로 일정을 나누어 출발합니다. 요금은 2천엔 정도로 비싸지 않은 편입니다.
- **신사(神社)**...신사는 신도(神道)의 신을 모셔놓은 곳이고, 사원은 부처님을 모셔놓은 곳이지만 일본에서는 신불 일체로 된 곳도 많습니다. 일반적으로 신사의 입

● ~을 보고 싶은데요.

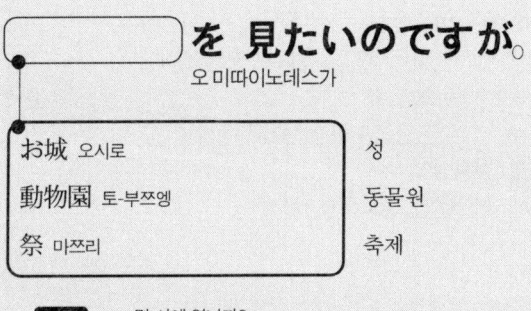
を 見たいのですが。
오 미따이노데스가

お城 오시로   성
動物園 토-부쯔엥   동물원
祭 마쯔리   축제

관련표현 ● 몇 시에 엽니까?
何時に 開きますか。
난지니 아끼마스까

장료는 없고 시내 여러곳에 산재해 있어 한두군데 정도는 쉽게 둘러 볼 수 있습니다.

◆ 일본의 경축일

1월1일	오쇼가츠	9월 23일	추분
1월 둘째 월요일	성인의 날	10월 둘째 월요일	체육의 날
2월 11일	건국기념일	11월3일	문화의 날
3월 20일 또는21일	춘분	11월 23일	노동감사의 날
4월29일	식목일	12월 23일	천황 탄생일
5월 3일	헌법기념일		
5월 4일	국민의 날		
5월 5일	어린이 날		
7월 20일	바다의 날		
9월 15일	경로의 날		

관광

01 관광안내소에서

▢ Point 1　맞춤 표현

▶ 관광 안내서는 있습니까?
観光 ガイドブックは ありますか。
캉꼬- 가이도북꾸와 아리마스까

▶ 시내 지도 있습니까?
市内の 地図は ありますか。
시나이노 치즈와 아리마스까

▶ 스모는 어디에 가면 볼 수 있습니까?
すもうは どこへ 行ったら 観戦できますか。
스모-와 도꼬에 잇따라 칸셍 데끼마스까

 Point 2　유용하게 쓸 수 있는 표현

☐ 시내관광은 없습니까?
市内 ツアーは ありませんか。
시나이 츠아-와 아리마셍까

☐ 이 도시에서는 무엇을 보면 될까요?
この 街の 見所は 何でしょうか。
코노 마찌노 미도꼬로와 난데쇼-까

☐ 이 도시의 지도를 얻고 싶은데요.
この 街の 地図が ほしいのですが。
코노 마찌노 치즈가 호시-노데스가

166

□ 관광안내서를 주시겠습니까?

観光の パンフレットを いただけますか。

캉꼬-노 빰후렛또오 이따다께마스까

□ 이 거리에 3일간 체재하는데 관광할만한 곳을 가르쳐 주시겠습니까?

この 街に 三日間 滞在するのですが、 観光の 見どころを 教えて いただけませんか。

코노 마찌니 믹까깡 타이자이스루노데스가 캉꼬-노 미도꼬로오 오시에떼 이따다께마셍까

□ 절(선사/신사/스모)을 보고 싶은데요.

お寺(禅寺/神社/相撲)が 見たいんですが。

오떼라(젠데라/진쟈/스모-)가 미따인데스가

□ 야구경기(후지산/축제)을 보러 가고 싶은데요.

野球の 試合(富士山/お祭)を 見に いきたいんですが。

야큐-노 시아이(후지상/오마쯔리)오 미니 이끼따인데스가

□ 가라오케바(빠징코)에 가고 싶은데요.

カラオケバー(パチンコ屋)へ 行きたいんですが。

카라오께바-(빠찡꼬야)에 이끼따인데스가

□ 골프(테니스/수영)를 치고 싶은데요.

ゴルフ(テニス/泳ぎ)が したいんですが。

고루후(테니스/오요기)가 시따인데스가

□ 거기에는 어떻게 가면 좋은가요?

そちらへは どの ように 行けば いいでしょうか。

소찌라에와 도노 요-니 이께바 이-데쇼-까

관광

02 길을 물을 때

◻ Point 1   맞춤 표현

▲ 이 거리의 이름은 무엇입니까?
ここは 何通りと いうのですか。
코꼬와 나니도-리또 이우노데스까

▲ 그것은 오른쪽입니까, 왼쪽입니까?
それは 右側ですか、左側ですか。
소레와 미기가와데스까 히다리가와데스까

▲ 역은 어느 쪽입니까?
駅は どちらですか。
에끼와 도찌라데스까

Point 2   융통하게 쓸 수 있는 표현

◻ 미안합니다만 여기는 처음이라서요.
すみません。この 辺は 初めてなんですが...。
스미마셍. 코노 헹와 하지메떼난데스가

◻ 박물관 찾기 쉽습니까?
博物館は すぐ わかりますか。
하꾸부쯔깡와 스구 와까리마스까

◻ 여기에서 얼마나 걸립니까?
ここからは どれ くらい かかりますか。
코꼬까라와 도레 쿠라이 카까리마스까

- [ ] 길을 잃었습니다. ~호텔로 가는 방법을 알려 주세요.

    道に まよって しまいました。~ホテルへ 行く 方法を 教えて ください。

    미찌니 마욧떼 시마이마시따. ~호떼루에 이꾸 호-호-오 오시에떼 쿠다사이

- [ ] 길의 어느 쪽입니까?

    道の どちら 側ですか。

    미찌노 도찌라 가와데스까

- [ ] 그 곳에 걸어서 갈 수 있습니까?

    そこへは 歩いて いけますか。

    소꼬에와 아루이떼 이께마스까

- [ ] 죄송하지만 지도를 그려 주실 수 있습니까?

    申しわけ ありませんが、地図を 書いて もらえますか。

    모-시와께 아리마셍가 치즈오 카이떼 모라에마스까

- [ ] 여기 전화번호를 가르쳐 주시겠어요?

    ここの 電話番号を 教えて いただけますか。

    코꼬노 뎅와방고-오 오시에떼 이따다께마스까

- [ ] 그것은 큰 회색 건물입니다.

    それは 高い 灰色の ビルです。

    소레와 타까이 하이이로노 비루데스

- [ ] 그 근처에서 다른 사람에게 물어 보세요.

    その へんで 誰かに 聞いて ください。

    소노 헨데 다레까니 키-떼 쿠다사이

169

관광

03 단체관광을 할 때

■ Point 1 맞춤 표현

▲ 시내관광은 있습니까?
市内観光は ありますか。
시나이 캉꼬-와 아리마스까

▲ 반나절 관광에 참가하고 싶은데요.
半日ツアーに 参加したいのですが。
한지쯔 츠아-니 상까시따이노데스가

▲ 예약을 해야 합니까?
予約が 必要ですか。
요야꾸가 히쯔요-데스까

Point 2 유용하게 쓸 수 있는 표현

☐ 어떤 관광이 있습니까?

どの ような ツアーが ありますか。
도노 요-나 츠아-가 아리마스까

☐ 하루 밖에 남지 않았는데 어떤 관광이 좋을까요?

1日しか ないのですが、どの ツアーが よいでしょうか。
이찌니찌시까 나이노데스가 도노 츠아-가 요이데쇼-까

☐ 이게 안내서입니다.

これが ツアーの パンフレットです。
코레가 츠아-노 빰후렛또데스

□ 반나절 관광은 있습니까?

半日 ツアーは ありますか。
한지쯔 츠아-와 아리마스까

□ 반나절 관광은 얼마입니까?

半日 ツアーは いくらですか。
한지쯔 츠아-와 이꾸라데스까

□ 다음 관광 버스는 언제 출발합니까?

次の ツアーバスは いつ 出ますか。
츠기노 츠아-바스와 이쯔 데마스까

□ 이 관광에 대해 설명해 주시겠습니까?

この ツアーに ついて 説明して くださいますか。
코노 츠아니 츠이떼 세쯔메-시떼 쿠다사이마스까

□ 입장료는 포함되어 있습니까?

入場料は 含まれて いますか。
뉴-죠-료-와 후꾸마레떼 이마스까

□ 이 관광에서는 무엇을 보게 됩니까?

この ツアーでは 何を 見物するんですか。
코노 츠아-데와 나니오 켐부쯔스룬데스까

□ 이 관광은 몇 시간 걸립니까?

この ツアーは 何時間 かかりますか。
코노 츠아-와 난지깡 카까리마스까

□ 언제 출발합니까?

いつ 出発しますか。
이쯔 슙빠쯔시마스까

관광

04 사진촬영

■ Point 1 맞춤 표현

■ 우리 사진을 찍어 주시겠습니까?
私たちの 写真を 撮って いただけますか。
와따시따찌노 사싱오 톳떼 이따다께마스까

■ 그냥 회색보턴만 누르시면 됩니다.
ただ、灰色の ボタンを 押すだけです。
타다 하이이로노 보땅오 오스다께데스

■ 플래시를 사용해서 사진을 찍어도 됩니까?
フラッシュを 使用して 写真を 撮っても いいですか。
후랏슈오 시요-시떼 사싱오 톳떼모 이-데스까

Point 2 유용하게 쓸 수 있는 표현

□ 여기서 사진을 찍어도 됩니까?
ここで 写真を 撮っても かまいませんか。
코꼬데 사싱오 톳떼모 카마이마셍까

□ 그림을 사진 찍어도 됩니까?
絵の 写真を 撮っても いいですか。
에노 사싱오 톳떼모 이-데스까

□ 안에서 비디오 카메라를 사용해도 됩니까?
なかで ビデオカメラを 使用しても いいですか。
나까데 비데오카메라오 시요-시떼모 이-데스까

□ 기념비 앞에서 제 사진 좀 찍어 주시겠습니까?

記念碑の 前で 私の 写真を 撮って いただけますか。

키넹히노 마에데 와따시노 샤싱오 톳떼 이따다께마스까

□ 상의 윗부분과 오른쪽 꽃이 들어가도록 해 주세요.

像の 上の 部分と 右側の 花を 入れて ください。

조-노 우에노 부분또 미기가와노 하나오 이레떼 쿠다사이

□ 함께 사진을 찍지 않겠습니까?

一緒に 写真を 撮りませんか。

잇쇼니 샤싱오 토리마셍까

□ 플래시는 금지되어 있습니다.

フラッシュは 禁止されて います。

후랏슈와 킨시사레떼 이마스

□ 비디오 카메라는 여기에 맡겨 주십시오.

ビデオカメラは ここに 預けて ください。

비데오카메라와 코꼬니 아즈께떼 쿠다사이

□ 이 건물 내에서는 촬영을 할 수 없습니다.

この 建物の 中では 撮影は できません。

코노 타떼모노노 나까데와 사쯔에-와 데끼마셍

□ 초점을 맞출 필요가 있습니까?

焦点を あわせる 必要が ありますか。

쇼뗑오 아와세루 히쯔요-가 아리마스까

□ 됐습니까? 좋아요, 웃으세요.

いいですか。はい、チーズ。

이-데스까 하이 치-즈

173

관광

05 박물관, 미술관

■ Point 1 맞춤 표현

🎯 입장료는 얼마입니까?
入場料は いくらですか。
뉴-죠-료-와 이꾸라데스까

🎯 박물관의 지도는 있습니까?
博物館の 地図は ありますか。
하꾸부쯔깐노 치즈와 아리마스까

🎯 미술관은 몇 시에 엽니까?
何時に 美術館は 開きますか。
난지니 비쥬쯔깡와 아끼마스까

 Point 2 유용하게 쓸 수 있는 표현

☐ 도쿄 국립미술관은 어디 있습니까?

東京 国立美術館は どこに ありますか。
토-꾜- 코꾸리쯔비쥬쯔깡와 도꼬니 아리마스까

☐ 여기서 입장권을 살 수 있습니까?

ここで 入場券が 買えますか。
코꼬데 뉴-죠-껭가 카에마스까

☐ 어린이(학생) 할인이 있습니까?

子供(学生) 割引が ありますか。
코도모(각세-) 와리비끼가 아리마스까

☐ 안내서는 있습니까?

パンフレットは ありますか。

빰후렛또와 아리마스까

☐ 가이드 안내는 있습니까?

ガイドの 案内は ありますか。

가이도노 안나이와 아리마스까

☐ 이것은 누구 작품입니까?

これは だれの 作品ですか。

코레와 다레노 사꾸힌데스까

☐ 이 전시는 언제까지 합니까?

この 展示は いつまで やって いますか。

코노 텐지와 이쯔마데 얏떼 이마스까

☐ 일본역사를 한눈에 알 수 있는 역사박물관은 없습니까?

日本の 歴史が ひと目で 分かる ような 歴史 博物館は ありませんか。

니혼노 레끼시가 히또메데 와까루 요-나 레끼시 하꾸부쯔깡와 아리마셍까

☐ 이 박물관에서 꼭 봐야 하는 것은 무엇입니까?

この 博物館で 必見の ものは 何ですか。

코노 하꾸부쯔깐데 힉껜노 모노와 난데스까

☐ 카메라는 맡겨야 합니까?

カメラは 預けなければ なりませんか。

카메라와 아즈께나께레바 나리마셍까

관광

06 연극, 영화

■ Point 1 맞춤 표현

■ 어디에서 연극 안내를 받을 수 있습니까?
どこで 芝居の 情報が 入手できますか。
도꼬데 시바이노 죠-호-가 뉴-슈데끼마스까

■ 오늘 밤 좌석은 아직 있습니까?
今晩の 席は まだ ありますか。
콤반노 세끼와 마다 아리마스까

■ 근처에 영화관이 있습니까?
この へんに 映画館が ありますか。
코노 헨니 에-가깡가 아리마스까

Point 2 유용하게 쓸 수 있는 표현

□ 분라꾸(가부끼/노)를 보고 싶은데요.
文楽(歌舞伎 / 能)が 見たいんですが。
분라꾸(카부끼/노-)가 미따인데스가

□ 영화를 보고 싶은데요.
映画が 見たいんですが。
에-가가 미따인데스가

□ 어디에 가면 연극표를 살 수 있습니까?
どこに 行けば 芝居の 切符が 手に 入りますか。
도꼬니 이께바 시바이노 킵뿌가 테니 이리마스까

☐ 전화로 연극 예약을 할 수 있습니까?

電話で 芝居の 予約は できますか。

뎅와데 시바이노 요야꾸와 데끼마스까

☐ 입장권 판매소는 어디입니까?

プレイガイドは どこですか。

뿌레이가이도와 도꼬데스까

☐ 가부키자에서는 무엇을 공연하고 있습니까?

歌舞伎座では 何を やって いますか。

카부끼자데와 나니오 얏떼 이마스까

☐ 그건 어떤 연극입니까?

どの ような 芝居ですか。

도노 요-나 시바이데스까

☐ 지금 무엇을 하고 있습니까?

今、何を やって いますか。

이마 나니오 얏떼 이마스까

☐ 몇 시에 시작합(끝납)니까?

何時に 始まり(終わり)ますか。

난지니 하지마리(오와리)마스까

☐ 입석표는 아직 있습니까?

立ち見席の チケットは まだ ありますか。

타찌미세끼노 치껫또와 마다 아리마스까

☐ 표 네 장 주십시오.

切符、四枚 ください。

킵뿌 욤마이 쿠다사이

관광

07 스포츠

■ Point 1   맞춤 표현

↗ 그 자리는 예약을 해야 합니까?
   その 席は 予約が 必要ですか。
   소노 세끼와 요야꾸가 히쯔요-데스까

↗ 경기장은 몇 시부터 입장할 수 있습니까?
   競技場へは 何時から 入れますか。
   쿄-기죠-에와 난지까라 하이레마스까

↗ 정면 스탠드석을 주세요.
   正面 スタンドの 席を ください。
   쇼-멩 스딴도노 세끼오 쿠다사이

Point 2   유용하게 쓸 수 있는 표현

☐ 오늘 축구(야구)경기가 있습니까?

   今日、フッボール(野球)の 試合が ありますか。
   쿄- 흣보-루(야뀨-)노 시아이가 아리마스까

☐ 입장권은 어디에서 살 수 있습니까?

   入場券は どこで 買うのですか。
   뉴-죠-껭와 도꼬데 카우노데스까

☐ 그 경기는 몇 시부터 시작됩니까?

   その 試合は 何時から 始まりますか。
   소노 시아와 난지까라 하지마리마스까

☐ 경기장에 가려면 교통기관은 무엇이 편리합니까?

競技場へ 行く ための 交通機関は 何が 便利ですか。

쿄-기죠-에 이꾸 타메노 코-쯔-끼깡와 나니가 벤리데스까

☐ 테니스를 치고 싶은데 어디서 칠 수 있습니까?

テニスが したいのですが、どこで できますか。

테니스가 시따이노데스가 도꼬데 데끼마스까

☐ 스키 1일 강습소가 있습니까?

スキーの 一日 スクールは ありますか。

스끼-노 이찌니찌 스꾸-루와 아리마스까

☐ 1일권은 얼마입니까?

一日巻は いくらですか。

이찌니찌껭와 이꾸라데스까

☐ 스키와 부츠를 빌리고 싶은데요.

スキー板と 靴を 借りたいのですが。

스끼-이따또 쿠쯔오 카리따이노데스가

☐ 이 근처에 골프장은 있습니까?

この 近くに ゴルフ場は ありますか。

코노 치까꾸니 고루후죠-와 아리마스까

☐ 몇 시부터 코스에 나갈 수 있습니까?

コースには 何時から 出られますか。

코-스니와 난지까라 테라레마스까

☐ 어디에서 스모경기를 볼 수 있습니까?

どこかで 相撲の 試合が 見られますか。

도꼬까데 스모-노 시아이가 미라레마스까

유용하게 쓸 수 있는 단어

☐	관광안내소	観光案内所	캉꼬-안나이죠
☐	입장권 판매소	プレイガイド	뿌레이가이도
☐	예매표	前売巻	마에우리껭
☐	당일권	当日巻	도-지쯔껭
☐	지정석	指定席	시떼이세끼
☐	자유석	自由席	지유-세끼
☐	낮공연	昼興業	츄-꼬-교-
☐	밤공연	夜興業	야-꼬-교-
☐	어른	大人	오또나
☐	어린이	子供	코도모
☐	성	お城	오시로
☐	교회	教会	쿄-까이
☐	절	寺	테라
☐	박물관	博物館	하꾸부쯔깡
☐	미술관	美術館	비쥬쯔깡
☐	영화관	映画館	에-가깡
☐	연극	芝居	시바이
☐	오페라	オペラ	오뻬라
☐	나이트클럽	ナイトクラブ	나이또쿠라부
☐	노오	能	노-
☐	가부키	歌舞技	카부끼
☐	분라쿠	文樂	분라꾸
☐	콘서트	コンサート	콘사-또
☐	유원지	遊園地	유-엔찌
☐	동물원	動物園	도-부쯔엥
☐	식물원	植物園	쇼꾸부쯔엥

유용하게 쓸 수 있는 단어

☐ 공원	公園	코-엥
☐ 상	像	죠-
☐ 대학	大学	다이가꾸
☐ 연못	池	이께
☐ 축제	祭	마쯔리
☐ 정원	庭園	데-엥
☐ 유람선	遊覧船	유-란셍
☐ 케이블카	ケーブルカー	케-부루까-
☐ 바다	海	우미
☐ 해안	海岸	카이안
☐ 호수	湖	미즈우미
☐ 온천	温泉	온셍
☐ 만	湾	왕
☐ 섬	島	시마
☐ 반도	半島	한또-
☐ 산	山	야마
☐ 강	川	가와
☐ 폭포	滝	타끼
☐ 숲	森	모리
☐ 골프	ゴルフ	고루후
☐ 테니스	テニス	테니스
☐ 낚시	釣り	츠리
☐ 야구	野球	야뀨-
☐ 농구	バスケットボール	바스껫또보-루
☐ 축구	サッカ	삭까
☐ 스키	スキー	스끼-

유용하게 쓸 수 있는 단어

- [ ] 수영 　　　水泳 　　스이에-
- [ ] 캠핑장 　　キャンプ場 　캄뿌죠-
- [ ] 사진 　　　写真 　　사싱
- [ ] 건전지 　　電池 　　덴찌
- [ ] 현상 　　　現像 　　겐죠-
- [ ] 인화 　　　プリント 　뿌린또
- [ ] 필름 　　　フィルム 　휘루무
- [ ] 플래시 　　ストロボ 　스또로보

SCENE 08

긴급상황

Contents

초간단 필수 표현과 여행정보
1. 길을 잃었을 때
2. 분실
3. 도난
4. 질병, 부상
5. 증상 설명
6. 화장실 찾기

유용하게 쓸 수 있는 단어

초간단 필수 표현과 여행정보

- 제 ~을 도둑맞았습니다.

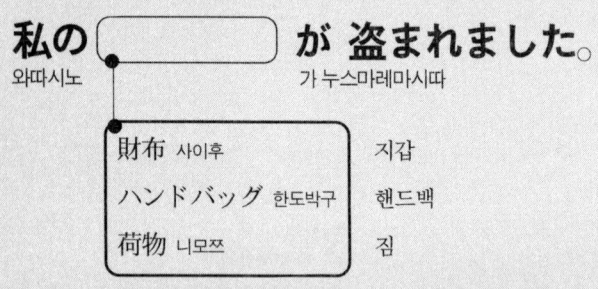

私の ( ) が 盗まれました。
와따시노 　　　　　　　　　　가 누스마레마시따

財布 사이후	지갑
ハンドバッグ 한도박구	핸드백
荷物 니모쯔	짐

관련표현
- 대사관에 연락을 하고 싶은데요.

大使館に 連絡したいのですが。
타이시깐니 렌라꾸 시따이노데스가

여행 정보

◆ 도난 또는 분실했을 때

현금·여권	바로 경찰에 연락해야 합니다. 여권을 재발행 받기 위해서는 경찰의 도난 또는 분실 증명서가 필요합니다.
신용카드	카드회사에 분실 신고를 한 다음, 카드사 현지 사무소에 가서 재발행 수속을 합니다. 보통 하루나 이틀의 시간이 걸립니다.
여행자수표	경찰에 신고해서 분실증명서를 발급받은 다음 여권과 여행자 수표를 발행할 때 받은 영수증을 가지고 수표발행 현지은행으로 가서 재발행 수속을 합니다.
항공권	항공권은 재발행이 되지 않으므로 다시 구입해야 합니다. 귀국 후에 경찰의 분실 또는 도난 증명서가 있으면 항공사에 제출해서 환불을 청구할 수 있습니다. 그러나 할인항공권은 환불이 되지 않는다는 것을 알아 두어야 합니다.
짐을 분실했을 때	역이나 지하철에서 잃어버렸을 때는 승무원이나 경찰에 도움을 청해 유실물센터에 연락을 합니다. 공항에서 잃어버렸을 때는 공항터미널의 유실물센터에 연락을 하면 됩니다.

● ~은 어디 있습니까?

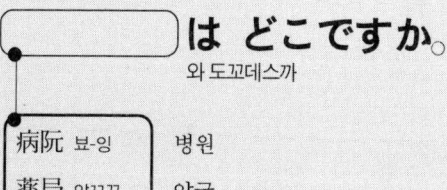

は どこですか。
와 도꼬데스까

- 病院 뵤-잉   병원
- 薬局 약꼬꾸   약국
- 医者 이샤   의사

관련표현
● 한국어를 할 줄 아는 의사분 계십니까?

韓国語が できる お医者さんは いますか。
캉꼬꾸고가 데끼루 오이샤상와 이마스까

◆ 부상과 질병

병에 걸렸거나 다쳤을 때	호텔인 경우에는 프론트에 연락을 해서 의사를 불러달라고 합니다. 또한 여행자보험에 든 경우 보험회사에 연락을 해서 한국어가 가능한 의사가 있는 병원을 소개 받습니다. 호텔 이외의 지역에서 병에 걸리거나 부상을 당했을 경우에도 각 보험사에서 운용하는 긴급지원센터로 연락을 해서 도움을 요청합니다. 보험금은 의사의 진단서, 치료비명세서, 영수증을 받아 한국의 보험회사에 청구하면 되고 치료비는 현지에서도 청구가 가능합니다.
구급차를 부를 때	구급차는 우리나라와 같이 119로 부릅니다. 전화요금과 구급차 비용은 무료입니다. 119번은 비상용이므로 교환에게 긴급이라는 점을 확실하게 말해 주어야 합니다.

긴급상황

01 길을 잃었을 때

■ Point 1 맞춤 표현

▼ 길을 잃어버렸습니다.
道に 迷いました。
미찌니 마요이마시따

▼ 여기가 어디입니까?
ここは どこですか。
코꼬와 도꼬데스까

▼ 이 지도에서 제가 어디 있는 겁니까?
この 地図では 私は どこに いますか。
코노 치즈데와 와따시와 도꼬니 이마스까

 Point 2 유용하게 쓸 수 있는 표현

☐ 이곳은 처음입니다.
ここは 初めて なんです。
코꼬와 하지메떼 난데스

☐ 역에는 어떻게 가면 됩니까?
駅へは どの ように 行けば いいですか。
에끼에와 도노 요-니 이께바 이-데스까

☐ 그랜드호텔은 어느 방향입니까?
グランド ホテルは どちらの 方向ですか。
구란도 호떼루와 도찌라노 호-꼬-데스까

☐ 힐튼 호텔까지 어떻게 가면 좋은지 가르쳐 주시겠습니까?

ヒルトン ホテルまで どう 行ったら いいか
教えて いただけますか。

히루똔 호떼루마데 도- 잇따라 이-까 오시에떼 이따다께마스까

☐ 표시가 될만한 것이 있습니까?

何か 目印に なる ものは ありますか。

나니까 메지루시니 나루 모노와 아리마스까

☐ 거리는 얼마나 됩니까?

距離は どの くらい ありますか。

쿄리와 도노 쿠라이 아리마스까

☐ 이 지도에 표시해 주십시오.

この 地図に 印を つけて ください。

코노 치즈니 시루시오 츠께떼 쿠다사이

☐ 약도 좀 그려 주시겠습니까?

簡単に 地図を 描いて いただけますか。

칸딴니 치즈오 에가이떼 이따다께마스까

☐ 똑바로 가세요.

まっすぐ 行って ください。

맛스구 잇떼 쿠다사이

☐ 오른쪽(왼쪽)으로 가세요.

右(左)に 曲がって ください。

미기(히다리)니 마갓떼 쿠다사이

긴급상황
분실

■ Point 1   맞춤 표현

▲ 가방을 잃어버렸습니다.
バッグを 紛失しました。
박구오 분시쯔시마시따

▲ 이 만한 크기이고 색은 녹색입니다.
これ ぐらいの 大きさで、色は 緑です。
코레 구라이노 오-끼사데 이로와 미도리데스

▲ 찾으면 702호실로 전화해 주시겠습니까?
見つかったら、702号室まで 電話して くださいますか。
미쯔깟따라 나나레이니고-시쯔마데 뎅와시떼 쿠다사이마스까

 Point 2   유용하게 쓸 수 있는 표현

☐ 여권(지갑)을 잃어 버렸습니다.
パスポート(財布)を なくしました。
빠스뽀-또(사이후)오 나꾸시마시따

☐ 돈(짐)을 잃어 버렸습니다.
お金(荷物)を なくしました。
오까네(니모쯔)오 나꾸시마시따

☐ 어제 밤에 당신 가게에 갈색 지갑을 두고 왔는데요.
昨晩 そちらの 店に 茶色の 財布を 忘れたんですが。
사꾸방 소찌라노 미세니 차이로노 사이후오 와스레딴데스가

☐ 10분 쯤 전에 신용카드를 잃어버렸는데요.

10分 ほど 前に クレジットカードを 忘れたんですが。

쥬뿡 호도 마에니 쿠레짓또 카-도오 와스레딴데스가

☐ 지갑은 무슨 색입니까?

バッグは 何色ですか。

박구와 나니이로데스까

☐ 짙은 갈색입니다.

濃い 茶色です。

코이 챠이로데스

☐ 언제 분실했습니까?

いつ 紛失したのですか。

이쯔 분시쯔시따노데스까

☐ 어디에서 잃어버렸는지 기억이 없습니다.

どこで なくしたか、覚えて いません。

도꼬데 나꾸시따까 오보에떼 이마셍

☐ 일행을 잃어버렸습니다.

グループから はぐれました。

구루-뿌까라 하구레마시따

☐ 아내(남편/아이)를 잃어버렸습니다.

家内(主人/子供)と はぐれました。

카나이(슈진/코도모)또 하구레마시따

☐ 이곳에 한국어를 할 수 있는 사람은 있습니까?

こちらに 韓国語の 話せる 人は いますか。

코찌라니 캉꼬꾸고노 하나세루 히또와 이마스까

긴급상황
03 도난

■ Point 1 맞춤 표현

▲ 경찰서는 어디입니까?
警察署は どこですか。
케-사쯔쇼와 도꼬데스까

▲ 소매치기 당했습니다.
スリに あいました。
스리니 아이마시따

▲ 제 카드를 정지시키고 재발행해 주세요.
私の カードを ストップし、再発行して ください。
와따시노 카-도오 스톱뿌시 사이학꼬-시떼 쿠다사이!

Point 2 요용하게 쓸 수 있는 표현

☐ 도와 주세요!

助けて ください!
타스께떼 쿠다사이

☐ 가방을 도난당했습니다.

私の バッグが 盗まれました。
와따시노 박구가 누스마레마시따

☐ 빨리 경찰을 불러 주세요!

すぐ 警察を 呼んで ください!
스구 케-사쯔오 욘데 쿠다사이

☐ 어디에서 소매치기를 당했습니까?

どこで スリに あいましたか。
도꼬데 스리니 아이마시따까

☐ 언제 어디에서 도난당했습니까?

いつ どこで 盗まれましたか。
이쯔 도꼬데 누스마레마시따까

☐ 가방에는 무엇이 들어 있었습니까?

バッグには 何が 入って いましたか。
박구니와 나니가 잇떼 이마시따까

☐ 공항에서 짐을 몽땅 도둑 맞았습니다.

空港で 荷物を そっくり 置き引き されました。
쿠-꼬-데 니모쯔오 속꾸리 오끼히끼사레마시따

☐ 신용카드, 보험증과 운전면허증도 들어 있었습니다.

クレジット カード、保険証と 運転免許証も 入って いました。
쿠레짓또 카-도 호껜쇼-또 운뗌멘꾜쇼-모 잇떼 이마시따

☐ 보험 신고 때문에 경찰의 도난증명서가 필요합니다.

保険の 申告の ために 警察の 盗難証明書が 必要です。
호껜노 싱꼬꾸노 타메니 케-사쯔노 토-난쇼-메쇼가 히쯔요-데스

☐ 통역이 필요합니다.

通訳が 要ります。
쯔-야꾸가 이리마스

긴급상황

04 질병, 부상

■ Point 1 맞춤 표현

↗ 의사를 불러 주시겠습니까?

医者を 呼んで くださいますか。

이샤오 욘데 쿠다사이마스까

↗ 고열이 있고 두통이 납니다.

高熱が あり、頭痛が します。

코-네쯔가 아리 즈쯔-가 시마스

↗ 발을 다쳐서 혼자서 걸을 수 없습니다.

足を けがして、1人で 歩けないのです。

아시오 케가시떼 히또리데 아루께나이노데스

Point 2 유용하게 쓸 수 있는 표현

☐ 몸이 좋지 않습니다.

気分が 悪いんです。

키붕가 와루인데스

☐ 환자가 있습니다.

病人が います。

뵤-닝가 이마스

☐ 가장 가까운 응급병원은 어디입니까?

いちばん 近い 救急病院は どこですか。

이찌방 치까이 큐-뀨-뵤-잉와 도꼬데스까

- [ ] 사고입니다.

   事故です。
   지꼬데스

- [ ] 빨리 구급차(의사)를 불러 주십시오!

   すぐ 救急車(医者)を 呼んで ください!
   스구 큐-뀨-샤(이샤)오 욘데 쿠다사이

- [ ] 계단에서 넘어졌습니다.

   階段から 落ちました。
   카이당까라 오찌마시따

- [ ] 발목을 삔 것 같습니다.

   足首を ねんざしたようです。
   아시꾸비오 넨자시따요-데스

- [ ] 팔을 다쳤습니다.

   腕に けがを しました。
   우데니 케가오 시마시따

- [ ] 오른쪽 다리가 부러진 것 같습니다.

   右足が 折れた みたいです。
   미기아시가 오레따 미따이데스

- [ ] 피가 납니다.

   出血して います。
   슉께쯔시떼 이마스

- [ ] 이 근처가 아픕니다.

   この あたりが 痛いです。
   코노 아따리가 이따이데스

193

긴급상황
05 증상 설명

■ Point 1 맞춤 표현

☑ 열이 있고 기침이 납니다.
熱が あり、せきが 出ます。
네쯔가 아리 세끼가 데마스

☑ 목이 아픕니다.
のどが 痛みます。
노도가 이따미마스

☑ 허리가 아픕니다.
腰が 痛いです。
고시가 이따이데스

Point 2 유용하게 쓸 수 있는 표현

☐ 위에 심한 통증이 있습니다.
胃に 激しい 痛みが あります。
이니 하게시- 이따미가 아리마스

☐ 유행성 독감에 걸린 것 같습니다.
流感に かかった みたいです。
류-깐니 카깟따 미따이데스

☐ 배(머리)가 아픕니다.
おなか(頭)が 痛いんです。
오나까(아따마)가 이따인데스

☐ 토할 것 같습니다.

吐きそうです。
하끼소-데스

☐ 유리 조각이 발에 박혔습니다.

ガラスの 破片が 足に 刺さって います。
가라스노 하헹가 아시니 사삿떼 이마스

☐ 제 혈액형은 ~입니다.

私の 血液型は ~です。
와따시노 케쯔에끼가따와 ~데스

☐ 눈을 못뜰 만큼 아픕니다.

目が 開けられない ほど 痛いのです。
메가 아께라레나이 호도 이따이노데스

☐ 현기증(오한)이 납니다.

めまい(寒気)が します。
메마이(사무사)가 시마스

☐ 몸 전체가 가렵습니다.

からだ 全体が かゆいのです。
카라다 젠따이가 카유이노데스

☐ 알레르기인 것 같습니다.

アレルギーらしいんです。
아레루기-라신-데스

☐ 이대로 여행을 계속할 수 있습니까?

このまま 旅行が つづけられるでしょうか。
코노마마 료꼬-가 츠즈께라레루데쇼-까

> 긴급상황

06 화장실 찾기

◻ Point 1   맞춤 표현

◢ 화장실은 어디에 있습니까?
お手洗いは どちらですか。
오떼아라이와 도찌라데스까

◢ 이 근처에 화장실이 있습니까?
この へんに トイレは ございますか。
코노 헨니 토이레와 고자이마스까

◢ 화장실 휴지가 없습니다.
トイレット ペーパーが ありません。
토이렛또 뻬-빠-가 아리마셍

 Point 2   유용하게 쓸 수 있는 표현

◻ 화장실을 찾고 있는데요.
お手洗いを 探して いるんですが。
오떼아라이오 사가시떼 이룬데스가

◻ 남자 화장실은 어디입니까?
男子トイレは どこですか。
단시 토이레와 도꼬데스까

◻ 공중화장실은 이 근처에 있습니까?
公衆トイレは この へんに ありますか。
코-슈-토이레와 코노 헨니 아리마스까

- [ ] 미안하지만 화장실을 좀 쓸 수 있습니까?

    すみませんが、トイレを 貸して ください。

    스미마셍가 토이레오 카시떼 쿠다사이

- [ ] 커피숍 같은 곳은 있습니까?

    コーヒーショプか 何か ございますか。

    코-히-숍뿌까 나니까 고자이마스까

- [ ] 저 건물 내에 유료 화장실이라면 있어요.

    あの 建物の 中に 有料の トイレなら ありますよ。

    아노 타떼모노 나까니 유-료-노 토이레나라 아리마스요

- [ ] 이 지폐를 잔돈으로 바꿔 주시겠습니까?

    この お札を 小銭に 替えて いただけますか。

    코노 오사쯔오 코제니니 카에떼 이따다께마스까

- [ ] 화장실 물이 내려가지 않습니다.

    トイレの 水が 出ません。

    토이레노 미즈가 데마셍

- [ ] 화장실 내에 불이 켜지지 않습니다.

    トイレの 電灯が つきません。

    토이레노 덴또-가 츠끼마셍

유용하게 쓸 수 있는 단어

☐ 대사관	大使館	타이시깡
☐ 영사관	領事館	료-지깡
☐ 경찰관	警察官	케-사쯔깡
☐ 파출소	交番	쿄-방
☐ 짐	荷物	니모쯔
☐ 여행가방	スーツケース	스-쯔께-스
☐ 핸드백	ハンドバック	한도박꾸
☐ 배낭	バックパック	박꾸빡꾸
☐ 여권	パスポート	빠스뽀-또
☐ 돈	お金	오까네
☐ 지갑	財布	사이후
☐ 여행자수표	トラベラーズチェック	토라베라-즈쳭꾸
☐ 서류	書類	쇼루이
☐ 변호사	弁護士	벵고시
☐ 복통	腹痛	후꾸쯔-
☐ 치통	歯痛	하이따
☐ 생리통	生理痛	세-리-쯔-
☐ 당뇨병	糖尿病	토-뇨-뵤-
☐ 멀미	乗物酔	노리모노요이
☐ 기침	せき	세끼
☐ 감기	風邪	가제
☐ 독감	流感	류-깡
☐ 숙취	二日酔い	후쯔까요이
☐ 알레르기	アレルギー	아레루기-
☐ 두드러기	じんましん	짐마싱

유용하게 쓸 수 있는 단어

☐	햇볕에 탐	日焼け	히야께
☐	천식	喘息	젠소꾸
☐	상처	けが	케가
☐	벌레물림	虫刺され	무시사사레
☐	중독	中毒	츄-도꾸
☐	한방약	漢方薬	캄뽀-야꾸
☐	비타민제	ビタミン剤	비따밍자이
☐	머리	頭	아따마
☐	눈	目	메
☐	귀	耳	미미
☐	입	口	구찌
☐	목	喉	노도
☐	이	歯	하
☐	팔	腕	우데
☐	손	手	테
☐	손가락	指	유비
☐	발	足	아시
☐	무릎	膝	히자
☐	가슴	胸	무네
☐	어깨	肩	카따
☐	등	背中	세나까
☐	발목	足首	아시꾸비
☐	피	血	치
☐	혈액	血液	케쯔에끼
☐	동맥	動脈	도-마꾸
☐	정맥	静脈	조-마꾸

유용하게 쓸 수 있는 단어

☐ 뼈	骨	호네
☐ 근육	筋肉	킨니꾸
☐ 피부	皮膚	히후
☐ 폐	肺	하이
☐ 위	胃	이
☐ 방광	膀胱	보-꼬-
☐ 심장	心臓	신조-
☐ 신장	腎臓	진조-
☐ 간장	肝臓	칸조-
☐ 맹장	盲腸	모-쵸-
☐ 진통제	鎮痛剤	친쯔-자이
☐ 기침약	咳止め	세끼도메
☐ 지사제	下剤	게자이
☐ 수면제	睡眠薬	스-밍야꾸
☐ 아스피린	アスピリン	아스삐링
☐ 1회용 밴드	バンドエイド	반도에이도
☐ 붕대	包帯	호-따이
☐ 면봉	綿棒	멤보-

SCENE 09

귀국

Contents

1. 호텔 체크아웃
2. 호텔에서 공항으로, 비행기 체크인
3. 면세품 사기, 보안 검색

귀국 절차

귀국

01 호텔 체크아웃

■ Point 1　맞춤 표현

■ 잠시 후 체크아웃하겠습니다.
まもなく、チェックアウトを します。
마모나꾸 첵꾸아우또오 시마스

■ 짐 좀 가지러 누가 와 주시겠습니까?
誰か 荷物を 取りに 来て くれませんか。
다레까 니모쯔오 토리니 키떼 쿠레마셍까

■ 열쇠의 보증금을 반환해 주시겠습니까?
鍵の 保証金を 返して いただけますか。
카기노 호쇼-낑오 카에시떼 이따다께마스까

Point 2　유용하게 쓸 수 있는 표현

☐ 지금 체크아웃하고 싶은데요.

いま、チェックアウトを したいんですが。
이마 첵꾸아우또오 시따인데스가

☐ 공항까지 버스서비스는 있습니까?

空港まで バスの サービスは ありますか。
쿠-꼬-마데 바스노 사-비스와 아리마스까

☐ 어디에서 상자를 구할 수 있습니까?

どこで 箱が 手に 入りますか。
도꼬데 하꼬가 테니 이리마스까

☐ 소포를 부쳐야 합니다.

小包を 送らなければ なりません。
고즈쯔미오 오꾸라나께레바 나리마셍

☐ 택시를 불러 줄 수 있습니까?

タクシーを 呼んで もらえますか。
타꾸시-오 욘데 모라에마스까

☐ 포터를 불러 주세요.

ポーターを よこして ください。
뽀-따-오 요꼬시떼 쿠다사이

☐ 계산은 여행자수표로 하겠습니다.

お勘定は トラベラーズ チェックで ございます。
오깐죠-와 토라베라-즈 첵꾸데 고자이마스

☐ 맡겼던 귀중품을 주시겠습니까?

預けて いた 貴重品を いただけますか。
아즈께떼 이따 키쬬-힝오 이따다께마스까

☐ 이 요금은 무엇입니까?

この 料金は 何ですか。
코노 료-낑와 난데스까

☐ 이 짐을 오후 2시까지 맡아 주시겠습니까?

この 荷物を 午後 二時まで 預かって いただけますか。
코노 니모쯔오 고고 니지마데 아즈깟떼 이따다께마스까

귀국

02 호텔에서 공항으로, 비행기 체크인

■ Point 1   맞춤 표현

> 공항에 가는 좋은 방법을 가르쳐 주시겠습니까?
> 空港に 行く いい 方法を 教えて いただけますか。
> 쿠-꼬-니 이꾸 이- 호-호-오 오시에떼 이따다께마스까

> 저는 아침 6시에 공항에 도착해야 합니다.
> 私は 朝 6時に 空港に 着かなければ なりません。
> 와따시와 아사 로꾸지니 쿠-꼬-니 쯔까나께레바 나리마셍

> 탑승권 여기 있습니다.
> これが 搭乗券です。
> 코레가 토-죠-껜데스

Point 2   유용하게 쓸 수 있는 표현

□ 내일 출발하겠습니다.

明日 出発します。
아시따 슙빠쯔 시마스

□ 어느 셔틀버스에 타면 됩니까?

どの シャトル バスに 乗ったら いいですか。
도노 샤또루 바스니 놋따라 이-데스까

□ 공항버스가 이곳에 섭니까?

空港バスが ここに 止まりますか。
쿠-꼬-바스가 코꼬니 토마리마스까

☐ 어떻게 예약을 하면 됩니까?

予約は どの ように したら いいですか。
요야꾸와 도노 요-니 시따라 이-데스까

☐ 전화해서 예약을 해 주시겠습니까?

電話して、予約を して いただけますか。
뎅와시떼 요야꾸오 시떼 이따다께마스까

☐ 공항에는 몇 시에 도착해야 합니까?

空港には 何時に 着かなければ なりませんか。
쿠-꼬-니와 난지니 쯔까나께레바 나리마셍까

☐ 표 여기 있습니다.

これが チケットです。
코레가 치껫또데스

☐ 비행기는 예정대로 운행합니까?

飛行機は スケジュール どおりですか。
히꼬-끼와 스께쥬-루 도-리데스까

☐ 20분 정도 늦습니다.

20分 ほど 遅れて います。
니쥽뿡 호도 오꾸레떼 이마스

☐ 점심식사는 제공됩니까?

昼食は ついて いますか。
츄-쇼꾸와 츠이떼 이마스까

귀국

03 면세품사기, 보안검색

Point 1　맞춤 표현

저 브랜디 1병 주시겠습니까?

あの ブランデーを 一本 いただけますか。

아노 부란데-오 입뽕 이따다께마스까

이 공항에는 다른 면세점이 있습니까?

この 空港には 他にも 免税店が ありますか。

코노 쿠-꼬-니와 호까니모 멘제-뗑가 아리마스까

가방 속을 보여 주십시오.

この バッグの 中を 見せて ください。

코노 박구노 나까오 미세떼 쿠다사이

Point 2　유용하게 쓸 수 있는 표현

☐ 탑승권을 가지고 계십니까?

搭乗券を お持ちですか。

토-죠껭오 오모찌데스까

☐ 남편이 가지고 있습니다.

夫が 持って います。

옷또가 못떼 이마스

☐ 미안합니다만, 탑승권이 없으면 면세점에 들어갈 수 없습니다.

すみませんが、搭乗券なしでは 免税店へは 入れません。

스미마셍가 토-죠껭 나시데와 멘제뗑에와 하이레마셍

□ 이것들은 어디에서 받습니까?

これらは どこで 受け取りますか。

코레라와 도꼬데 우께또리마스까

□ 여기에서 아메리칸 익스프레스를 사용할 수 있습니까?

ここでは アメリカンエキスプレスを 使用できますか。

코꼬데와 아메리깡 에끼스뿌레스오 시요-데끼마스까

□ 소니 제품은 있습니까?

ソニーの 製品は ありますか。

소니-노 세-힝와 아리마스까

□ 컴퓨터 디스켓을 가지고 있습니다.

私は コンピュータの ディスクを 持って います。

와따시와 콤뷰-따노 디스꾸오 못떼 이마스

□ 가방은 눕혀서 놓으세요.

バッグは 寝かして 置いて ください。

박구와 네까시떼 오이떼 쿠다사이

□ 호주머니를 비우고 한 번 더 통과해 주십시오.

ポケットを 空に して、もう 一度 通って ください。

뽀껫또오 카라니시떼 모- 이찌도 돗-떼 쿠다사이

□ 팔찌를 벗어 주세요.

ブレスレットを はずして ください。

부레스렛또오 하즈시떼 쿠다사이

귀국 절차

1 항공권 예약재확인
귀국 3일(72시간) 전에 항공사에 연락해 수속을 하지 않으면 예약이 취소되는 경우가 있으므로 공항내의 카운터나 시내 각 항공사에 전화해서 예약항공편을 재확인해 두어야 합니다.

2 숙소에서 공항으로
공항까지 어떻게 갈 것인가를 미리 생각해 두고 소요시간을 체크해 둡니다.

3 비행기 체크인
공항에는 2시간의 여유를 두고 도착해야 합니다. 공항에 도착하면 이용 항공사 카운터로 가서 여권과 항공권을 제시하고 탑승권을 받습니다. 탁송하물은 이코노미클래스인 경우 20kg 이내면 무료 그 이상을 넘으면 kg당 초과요금을 내야 합니다. 세관에 신고해야할 물품은 트렁크에 넣지 말고 기내휴대 물품과 같이 싸야 세관신고를 할 수 있습니다.

4 세관
세관에 신고할 물건이 있으면 필요한 세관신고를 합니다. 출국시에 1인당 한도 소유액은 미화 만달러입니다.

5 일본 출국수속
세관, 출국심사, 수하물검사가 끝나면 탑승구로 갑니다. 탑승게이트를 확인한 다음 면세점에서 쇼핑을 할 수도 있습니다. 탑승은 출발 15분~30분 전이지만 보통 30분 전에는 탑승구에서 대기하는 것이 좋습니다.

6 비행기 탑승

7 검역, 입국심사

8 수하물찾기
이용한 항공편의 이름이 씌어진 수하물 수취소에 가서 짐을 찾습니다.

9 세관

10 로비